中国古代盐文化

王 俊 编著

中国商业出版社

图书在版编目（CIP）数据

中国古代盐文化 / 王俊编著. -- 北京：中国商业出版社，2016.12

ISBN 978-7-5044-9681-2

Ⅰ.①中… Ⅱ.①王… Ⅲ.①盐业史-中国-古代 Ⅳ.① F426.82

中国版本图书馆 CIP 数据核字 (2017) 第 001877 号

责任编辑：常　松

中国商业出版社出版发行
010-63180647　www.c-cbook.com
（100053 北京广安门内报国寺 1 号）
新华书店经销
三河市同力彩印有限公司
*
710×1000 毫米　16 开　15 印张　233 千字
2017 年 9 月第 1 版　2017 年 9 月第 1 次印刷
定价：45.00 元
* * * *
（如有印装质量问题可更换）

《中国传统民俗文化》编委

主　编	傅璇琮	著名学者，原国务院古籍整理出版规划小组秘书长，清华大学古典文献研究中心主任教授，原中华书局总编辑
顾　问	蔡尚思	著名历史学家，中国思想史研究专家
	卢燕新	南开大学文学院副教授
	王永波	四川省社会科学院文学研究所副研究员
	叶　舟	中国思维科学研究院院长，清华大学、北京大学特聘教授
	于春芳	北京第二外国语学院教授
	杨玲玲	西班牙文化大学文化与教育学博士
编　委	陈鑫海	首都师范大学中文系博士
	李　敏	北京语言大学古汉语古代文学博士
	赵　芳	出版社高级编辑，曾编辑出版过多部文化类图书
	韩　霞	山东教育基金会理事，作家
	陈　娇	山东大学哲学系讲师
	吴军辉	河北大学历史系讲师
	石雨祺	出版社高级编辑，曾编辑出版过多部历史类图书
	王　欣	全国特级教师
策划及副主编	王　俊	

序 言

　　中国是举世闻名的文明古国,在漫长的历史发展过程中,勤劳智慧的中国人,创造了丰富多彩、绚丽多姿的文化,可以说人创造了文化,文化创造了人,这些经过锤炼和沉淀的古代传统文化,凝聚着华夏各族人民的性格、精神、智慧,是中华民族相互认同的标志和纽带。在人类文化的百花园中摇曳生姿,展现着自己独特的风采,对人类文化的多样性发展作出了巨大贡献。中国传统民俗文化内容广博,风格独特,深深地吸引着世界人民的眼光。

　　正因如此,我们必须深入学习贯彻十八届三中全会精神,按照中央的规定,加强文化建设。2006年5月,时任浙江省委书记的习近平同志就已提出:"文化通过传承为社会进步发挥基础作用,文化会促进或制约经济乃至整个社会的发展。"又说:"文化的力量最终可以转化为物质的力量,文化的软实力最终可以转化为经济的硬实力。"(《浙江文化研究工程成果文库总序》)今年他去山东考察时,又再次强调:中华民族伟大复兴,需要以中华文化发展繁荣为条件。

　　学习习近平同志的重要讲话,确可体会到,在政治、经济、军事、社会和自然要素之中,文化是协调各个要素协同发展、相关耦合的关健。正因为此,我们应该对华夏民族文化进行广阔、全面的检视。我们应该唤醒我们民族的集体记忆,复兴我们民族的伟大精神,发展和繁荣中华民族的优秀文化,为我们民族在强国之路上阔步前行创设先决条件。

实现民族文化的复兴，更必须传承中华文化的优秀传统。现代中国人，特别是年轻人，对传统文化十分感兴趣，蕴含感情。但当下也有人对具体典籍、历史事实不甚了解，比如说，中国是书法大国，谈起书法，有些人或许只知道些书法大家如王羲之、柳公权等等的名字，知道《兰亭集序》是千古书法珍品，仅此而已。再比如说，我们都知道中国是闻名于世的瓷器大国，中国的瓷器令西方人叹为观止，中国也因此而获得了"瓷器之国"（英语china的另一义即为瓷器）的美誉。然而关于瓷器的由来、形制的演变、纹饰的演化、烧制等等瓷器文化的内涵，就知之甚少了。中国还是武术大国，然而国人的武术知识，或许更多地来源于一部部精彩的武侠影视作品，对于真正的武术文化，我们也难以窥其堂奥了。我们还是崇尚玉文化的国度，我们的祖先，发现了这种"温润而有光泽的美石"，并赋予了这种冰冷的自然物以鲜活的生命力和文化性格，例如"君子当温润如玉"，女子应"冰清玉洁"、"守身如玉"；"玉有五德"，即"仁"、"义"、"智"、"勇"、"洁"，等等。今天，熟悉这些玉文化的内涵的国人，也为数不多了。

也许正有鉴于此，有忧于此，近年来，已有不少有志之士，开始了复兴中国传统文化的努力，读经热开始风靡海峡两岸，不少孩童乃至成人，开始重拾经典，在故纸旧书中品味古人的智慧，发现古文化历久弥新的魅力。电视讲坛里一波又一波对古文化的讲述，也吸引着数以万计的人们，重新审视古文化的价值。现在放在读者眼前的这套"中国传统民俗文化丛书"，也是这一努力的又一体现。我们现在确应注重研究成果的学术价值和应用价值，充分发挥其认识世界、传承文化、创新理论、咨政育人的重要作用。

中国的传统文化内容博大，体系庞杂，该如何下手，如何呈现？这套丛书处理得可谓系统性强，别具心思。编者分别按物质文化、制度文化、精神文化等方面来分门别类地进行组织编写，例如在物质文化的层面，就有中国古代纺织、中国古代酒具、中国古代农具、中国古代青铜器、中国古代钱币、中国古代石刻、中国古代木雕、中国古代建筑、中国古代砖瓦、中国古代玉器、中国古代陶器、中国古代漆器、中国古代桥梁等等。

在精神文化的层面，就有中国古代书法、中国古代绘画、中国古代音乐、中国古代艺术、中国古代篆刻、中国古代家训、中国古代戏曲、中国古代版画等等；在制度文化的层面，就有中国古代科举、中国古代官制、中国古代教育、中国古代军队、中国古代法律等等。

此外，在历史的发展长河中，中国各行各业还涌现出一大批杰出的人物，至今闪耀着夺目的光辉，启迪后人，示范来者，对此，这套丛书也给予了应有的重视，中国古代名将、中国古代名相、中国古代名帝、中国古代文人、中国古代高僧等等，就是这方面的体现。

生活在21世纪的我们，或许对古人的生活颇感好奇，他们的吃穿住用如何？他们如何过节？如何安排婚丧嫁娶？如何交通？孩子如何玩耍？等等。这些饶有兴趣的内容，这套中国传统民俗文化丛书，都有所涉猎，例如中国古代婚姻、中国古代丧葬、中国古代节日、中国古代风俗、中国古代礼仪、中国古代饮食、中国古代交通、中国古代家具、中国古代玩具、中国古代鞋帽等等，这些书籍介绍的，都是人们深感兴趣，平时却无从知晓的内容。

在经济生活的层面，这套丛书安排了中国古代农业、中国古代纺织、中国古代经济、中国古代贸易、中国古代水利、中国古代车马、中国古代赋税等等内容，足以勾勒出古人经济生活的主要内容，让今人得以窥见自己祖先曾经的经济生活情状。

在物质遗存方面，这套丛书则选择了中国古镇、中国古楼、中国古寺、中国古陵墓、中国古塔、中国古战场、中国古村落、中国古街、中国古代宫殿、中国古代城墙、中国古关等内容。相信读罢这些书，喜欢中国古代物质遗存的读者，已经能大致掌握这一领域的大多数知识了。

除了上述内容外，其实还有很多难以归类却饶有兴趣的内容，例如中国古代的乞丐这样的社会史内容，也许有助于我们深入了解这些古代社会底层民众的真实生活情状，走出武侠小说家们加诸他们身上的虚幻不实的丐帮色彩，还原他们的本来面目，加深我们对历史真实的了解。继承和发扬中华民族几千年创造的优秀文化和民族精神是我们责无旁贷的历史责任。

不难看出，单就内容所涵盖的范围广度来说，有物质遗产，有非物质遗产，还有国粹。这套丛书无疑当得起"中国传统文化的百科全书"的美誉了。这套书还邀约了大批相关的专家、教授参与并指导了稿件的编写工作。

应当指出的是，这套书在写作中，既钩稽、爬梳大量古代文化文献典籍，又参照近人与今人的研究成果，将宏观把握与微观考察相结合。在论述、阐释中，既注意重点突出，又着重于论证层次清晰，从多角度、多层面对文化现象与发展加以考察。这套丛书的出版，有助于我们走进古人的世界，了解他们的美好生活，去回望我们来时的路。学史使人明智。历史的回眸，有助于我们汲取古人的智慧，借历史的明灯，照亮未来的路，为我们中华民族的伟大崛起添砖加瓦。

是为序。

傅璇琮
2014年2月8日

前 言

　　盐，对于人类来说是至关重要的一种物质，它极大地推动了人类历史文明的发展。同时，它还对人类身体的健康状况也产生了极大的影响。古人常称盐为"五味之祖""白色金子"等，我国原始人在石器时代就知道在江河盐池附近定居生活，开始创建人类的物质文明与精神文明。

　　盐作为人类不可或缺的物质，始终与人类的发展有着不解之缘。盐的起源伴随着人类自身的发展以及由游牧转到从事农耕而来。

　　在盐的生产上来说，我国可以追溯到约6000年以前。海盐是人类最早食用的盐。有传说称，远在神农氏时期，就有一个名为夙沙氏的人煮海为盐。紧接着，池盐与井盐的生产开始陆陆续续出现。古时候，因为交通不像今天这么便利，因此人类常在盐池附近聚居。远在旧石器时代，人类祖先就懂得"用盐佐食"。并且，彼时的食盐被当作非常珍贵的礼品贡献给统治者。

　　在中国，因为食盐占有非比寻常的重要地位，起着不容忽视的作用，因此长时间以来都由国家掌控，并成为国民经济收入的重要构成部分之一。我国在唐代时期，就有"天下之赋，盐利居半"的说法。唐大历末年（约779年），就有"通天下之财，而计其所入，总一千二百万贯，而盐利过半"之说，仅仅只食盐的税利收入就高达600多万缗。古往今来，盐税自始至终都和铁税、农业税一起，作为国家财政收入的三大支柱，起着维护政权与稳定经济的重大作用。

在我国，盐业历代以来都是一个特殊的产业部门。盐作为广大民众日常生活中所不可或缺的日常食用物之一，成为历代官府财政收入的主要构成部分，也就是古代盐商所说的"利源之薮"。因此，中国盐业的生产所具有的历史源远流长。

中国历代官府对食盐的产、运、销的控制和干预是相当严厉的。封建国家对盐业的干预称之为"盐政"，并有一套管理盐的生产和流通的制度、则例和法令，即所谓"盐法"。尽管几千年来有关的"盐政"和"盐法"历经变迁，但是万变不离其宗，国家对盐业的干预一直持续着。这就使盐业的商品生产走上了一条由国家干预而畸形发展的道路（这既是中国盐业经济的一个特点，也是中国封建国家干预经济的一个特点）。

唐太宗李世民曾说："以史为镜，可以知兴替。"在历史悠久的文化长河中，中国丰富的盐业哺育出许许多多的青年才俊，其中有帝王将相、普通官吏、商贾之家、艺术天才、科技或宗教人物等，实在数不胜数，光照环宇。这不胜枚举的名人大家都是围绕盐业而名垂千古的。与此同时，历史上也有一些因在盐业行销方面贪赃枉法而遗臭万年的官宦。

本书借鉴了众多古代盐业研究方面专家和学者的著作和专业论述，择其要点编写成书，以飨广大读者。相信本书能为盐业研究人员和对古代盐文化感兴趣的读者朋友打开一扇通往古代盐文化的知识窗口。

限于编者水平，书中难免有不当和失误之处，还望广大读者批评指正。

目 录

第一章　盐的出现与盐文化传说

第一节　盐与盐文化 …………………………………… 002
　　食盐的发现趣话 ………………………………… 002
　　古文字中的卤与盐 ……………………………… 008
　　中国人开始采盐的历史 ………………………… 010

第二节　与盐有关的趣味故事传说 …………………… 012
　　白兔井的故事 …………………………………… 012
　　三峡盐都 ………………………………………… 017
　　白鹿引泉的由来 ………………………………… 022
　　三峡地区的盐财富之争 ………………………… 026
　　中国盐海：运城盐湖 …………………………… 033
　　蜀中盐井与千里栈道 …………………………… 036
　　蒲剧名伶与潞盐 ………………………………… 042

第二章　先秦两汉至南北朝盐业与盐文化

第一节　先秦时期盐的类别、生产和流通 …………… 048

先秦盐的类别 ··· 048
盐的生产 ··· 049

第二节　汉代盐的生产与管理 ················· 051

汉代的生产技术 ····································· 051
汉代的盐制 ··· 052

第三节　魏晋南北朝的盐生产管理 ············ 057

魏晋南北朝主要盐产地 ··························· 057
盐业生产技术的革新 ······························ 059
三国西晋时的食盐专卖 ··························· 061
东晋南朝的食盐征税制 ··························· 063
北朝的食盐专卖和反专卖的斗争 ·············· 064

第三章　隋唐五代时期的盐业与盐文化

第一节　隋唐五代盐生产 ·························· 072

隋唐盐业发展概况 ································· 072
盐业生产工艺 ·· 075

第二节　隋唐五代的盐业与盐文化 ············ 079

隋代的食盐无税政策 ······························ 079
从唐初的免税到开元时的征税 ················· 080
第五琦的食盐专卖 ································· 083
刘晏改革盐法，首创就场专卖 ················· 084
盐专卖后的大盐商 ································· 091
五代的食盐专卖 ···································· 093
唐代后期的盐业管理 ······························ 097

第四章　宋元时期的盐业与盐文化

第一节　宋代钞盐制的出现 …………………………………… 108
宋代盐业生产概况 …………………………………………… 108
钞盐制的出现和推行 ………………………………………… 110
卓筒井的诞生和四川盐业的发展 …………………………… 114

第二节　元代的盐业与盐文化 ……………………………… 117
元代盐业生产概况 …………………………………………… 117
元代食盐专卖 ………………………………………………… 119
元代的私盐和盐徒 …………………………………………… 122

第五章　明代的盐业与盐文化

第一节　明代盐业与盐业管理机构 ………………………… 130
盐区盐务机构的设置 ………………………………………… 130
明廷内外官盐政机构 ………………………………………… 132
御史巡盐制 …………………………………………………… 134

第二节　盐业生产与运销配合 ……………………………… 136
食盐生产技术 ………………………………………………… 136
开中法 ………………………………………………………… 140
引盐运输及其组织 …………………………………………… 142
票盐行销 ……………………………………………………… 146
户口盐的配给 ………………………………………………… 148
食盐的市场销售 ……………………………………………… 151

第三节　明代扬州的盐官与盐商文化 …………………… 157
　　明代扬州盐官 ……………………………………………… 157
　　明代扬州盐商 ……………………………………………… 158

第四节　明代的盐课制度文化 …………………………… 168
　　政策的出现 ………………………………………………… 168
　　明代盐课发展历程 ………………………………………… 169

第六章　清代的盐业与盐文化

第一节　清代盐业的恢复与发展 ………………………… 178
　　发展概况 …………………………………………………… 178
　　清政府恢复盐业的措施和办法 …………………………… 180
　　清代中期盐业的发展 ……………………………………… 183

第二节　清代的盐务官运与盐商文化 …………………… 189
　　官运商销制的主要内容和实施办法 ……………………… 189
　　清代盐商的盛衰 …………………………………………… 191

第三节　清代的盐法管理文化 …………………………… 197
　　"顺康雍"期间的盐制 ……………………………………… 197
　　陶澍的改法宗旨和票法的内容 …………………………… 202
　　票法是优于纲法的一种商专卖新形式 …………………… 203
　　"同光"年间纲法的复活 …………………………………… 205
　　清代私盐管控 ……………………………………………… 207
　　清末盐务之乱和"改革盐务运动"的发起 ………………… 216

参考书目 ……………………………………………………… 223

第一章
盐的出现与盐文化传说

  盐，全世界任何一种物质也比不上它的普及，盐足以用"无所不在"这个词汇来形容。其实，在这个世界上，许许多多的动、植物体内都含有一定量的盐分。我国古代记载的"白鹿饮泉""牛舐地出盐""群猴舔地""羝羊舐土"等与盐有关的故事，以及北美弗吉尼亚的"康纳瓦舐盐地"向来是古印第安人与野牛等动物常常光顾的地方等等，都表明了这一点。

第一节　盐与盐文化

■ 食盐的发现趣话

众所皆知，盐在广义上来说，包括所有金属离子和酸根离子相结合的化合物。不过，我们在日常生活中提到的盐，仅仅指的是一种名为"氯化钠"的化学成分。在纷繁复杂的化学表达式中，盐的表现形式却极为简单：NaCl。化学实验表明，当一个名为"金属钠离子（Na^+）"的物质和一个名为"酸根氯离子（Cl^-）"的物质相撞时，就相互吸引了，它们结合后产生的结晶表就是我们平时所说的"盐"。

纯盐是无色透明的。我们通常用"洁白""白花花"等来形容盐，其实那是由于盐里面含有杂质的缘故。在某些情况下，我们还会看到黄的、红的、蓝的盐，这是由于杂质透过盐晶幻化出五颜六色的光彩，盐的本来面目反倒被蒙蔽。此时的盐，就像多彩的水晶。通常说来，海盐、湖盐的杂质要多一些，颜色比较丰富，而井盐最单纯，显得洁白细腻。

▲ 食盐结晶

盐具有吸潮、防腐、可溶、易渗透、杀菌等特点，人类利用盐的这些特点，巧妙地为自己服务。例如，用它来腌渍咸菜、做腊肉，也用其化雪。据说埃及人首先用盐来腌制肉和鱼，他们通过蒸发尼罗河水来制盐。我国文献上有关腌鱼的第一批证据可追溯到公元前2000年，但考古学家在古埃及的某些墓穴中找到了腌制的禽类和鱼类，这些随葬品的年代大约在公元前3000年。在盐的利用上，古埃及人显然走在世界的前列。其中最突出的成就表现在殡葬方面——制作木乃伊。埃及人认为，人死后灵魂离开肉体，但肉体被埋葬后灵魂还会回来，因此要把有肉体保存下来。从原理上看，这个过程与腌制食物很类似。

但盐对于人来说，最大的功用还是维持生命。可以说，世界上除了空气和水之外，没有任何一种物质能像盐那样，与生命连接得如此紧密，与人类的生活如此息息相关。溶于生命之盐，堪称生命的维护者、保障者。盐是一个人的终身伴侣，无时无刻不在参与我们生命的运转。人体对于盐分的依赖，主要体现在生理需要上，它是维持人体生理平衡的必需品。食盐对人体肌肉、神经、心脏等器官以及消化、血压、荷尔蒙等功能有很大的影响。盐分中的钠主要是扮演控制者的角色：帮助维持正常的血量，控制人体细胞对水的吸收和排放。此外，钠对于刺激信号在神经系统中的传导，以及蛋白质和碳水化合物的代谢作用都是至关重要的。盐分中的氯可以保持人体内的酸平衡，并使某些酶产生作用。食盐也是制造胃液和胆汁的重要原料。

食盐经过人体小肠吸收进入血液，它像一个调节水流的抽水泵。在日常生活中，家庭主妇们将盐涂抹在生菜、生肉等上面，或者将这些东西置于盐水中，里面的水分就会外溢，而盐分则乘虚而入。盐在人体组织里发挥着同样的功能，对渗透压维持一定的调节作用，可以向细胞内输送水分，并有保持液体的中性功能的作用。调节人体内的盐分维持含量不变的器官是肾脏；对于钠离子和氯离子再吸收而加以控制的是肾上腺皮质激素。在人体中约有 200 万个汗腺，汗腺分泌的汗液中含有 0.35%—0.7% 的盐分。

科学家们研究了盐对人体的影响，发现盐有两面性，既对人体有益，有时也对人体有害。他们发现，倘若人体内盐缺乏，将引起肌肉痉挛、头痛、恶心、下痢、全身懒散、心律不齐等症状，严重者还会因心脏功能衰竭而导致死亡。但是如果一个人因此而过量摄盐，那么，水肿、高血压、心脏病、脑中风等病患会造成较大危险，甚至中毒死亡。可见，盐这种不可或缺的化合物质，与人类有着多么密切的联系，对人体有着多么强烈的影响。

食盐在人体内的含量并不高，大约占人体重的 0.66% 左右。一个体重 75 公斤的人，所含盐分不过区区 0.5 公斤左右。通常，一个健康成年人每天要从各种饮食中摄取 15—20 克左右的盐分，每年摄取约 5.5—7.3 公斤。人体通过食物获得盐分，其来源通常有以下三种：一是食物中的自然含盐量；二是食品加工时添加的盐；三是烹调或进食时加入的盐。这些储藏于食物中的盐，通过味觉的品尝和感知，使人们激发出强烈的食欲。

渗入生命之盐，自然也融入了我们的日常生活；日常生活中因了这些洁白的盐，过起来才更有味道。盐与土壤、空气、水和火一起，构成了人类生存的五大要素。自古以来，盐在人们心目中便具有近乎神圣的地位。古希腊伟大的诗人荷马，就曾在他的诗歌中歌颂过盐的种种美妙好处。而另一位古希腊哲学家柏拉图则认为：盐与水、火一样，都是生命最原始、最神圣的构成要素。在重庆巫溪县宁厂白鹿盐泉，因富含硫酸镁和硫酸钙，当地人用以治疗皮肤病和眼疾。圣经是最早对盐发出歌颂的文字记载之一，它常将盐和圣洁连在一起，认为其重要性堪与面包媲美。在其他宗教的崇拜仪式中，盐的象征意义也很重要，常常是奉献给诸神的供品之一。在四川地区，隋唐时期盐业生产遗址附近常有佛教和道教石刻；在更早的忠县中坝制盐遗址，就发现有卜骨的存在，显示宗教在盐业生产上有着意识形态的重要性。

沙漠中的游牧民族总是把盐作为客人上门赠送的最好礼物。盐的历史源远流长，在其中发生过许许多多传奇的故事。在古希伯来人以及现代犹太人心目中，盐被认为是上帝与以色列人长期联盟的象征；在伊斯兰教民众的心目中，人们认为盐是封存永远不变的契约，原因是哪怕将盐溶化在水中，一旦水分蒸发后，盐还是可以恢复到从前的晶体状态；在基督教教徒的心目中，盐意味着长寿、真诚以及知识。在很久以前的罗马国，人们习惯在初生儿的口中放一点盐，以表示期待他们将来变得聪明和睿智。

在中外历史上，发生过许许多多和盐有关的战争。为了盐，有许多人不得不揭竿而起，还有许多联盟竞相建立；盐成为了点燃多次革命以及战争的导火线。古往今来，人类的发展史都离不开盐的参与。有记载表明：盐所带来的收入曾供养过军队，使一个帝国崛起，还修建过许许多多的大小工程。古代时期，中国黄帝和蚩尤开展的涿鹿之战，据称也是因为争夺盐业资源引起的。古罗马人也经常发动与盐有关的战争，并曾经修筑一条名为"盐路"的大道供军队行走。直到18世纪末，每年还有将近3000名法国人因为反对交纳盐税而被判刑。盐的税

▲ 古代煮盐复原图

收之后演变为政府所有不公正的象征，最终成为法国革命的导火线。

盐是古代国家财力的重要象征。历代为盐业生产、销售、税赋的控制而产生了各种政策。汉代的时候，一些文人士大夫对政府的盐、铁、酒专卖政策有不同的意见，由盐、铁的讨论进而对国计民生展开了十分激烈的争辩，最后甚至形成了名垂千秋的《盐铁论》。

中国古代经济的龙头非盐莫属，正因为盐业经济的发展变化，促进了中国古代纸币的产生。在三峡一些偏远地区，宋明时期仍然存在以盐作中间交易品，进行物物交换的情况，盐一度成为硬通货。北宋时，一些贩盐的大商人，其申报的卖盐数量往往与实际数目相差很大，导致政府税收大量流失，而商人却从中牟取巨额利润。当时与北方的辽国、西夏国战事频仍，政府国库空虚，入不敷出。于是试行"盐钞"，由盐商在官府处购买这些"有价证券"（后来又叫盐引），按照钞上的规定，持钞到指定的盐池，按指定的数量支盐，再到指定的地区出售。这些盐钞事实上促进了纸币的诞生，由此开始出现了一系列类似的"有价证券"，这就是"交子"纸币的最初来历。

盐与钱的关系，在国外也被延伸到"盐"与"薪水"这两个词的关联上。英语中的后者（Salary）就是由前者（Salt）派生出来的。英文的薪水一词源于拉丁文的Salariun，这八个字母组合的原意就是"买盐钱"，原指罗马时代发给士兵买盐的钱。盐是如此重要，以致在历史上曾被当作通货使用。盐的价值由生产和运输的难易度以及所投入劳力和资本的多少而定。古代的中东地区，盐十分珍贵，可用来兑换黄金；非洲黄金海岸曾有一段时期，一把盐便可以换一个奴隶，有些地区甚至把盐看得比奴隶还贵重；中国在抗战期间也曾有过一斤盐换100斤粮食的记录。

在一些干旱的盐湖中，人们用盐直接修筑公路和铁路。在青藏高原上有一个盐的巨大仓库，那就是察尔汗盐湖。说它是湖，有点名不副实，因为那里一滴水也没有。盐湖上面是一层厚约80厘米的硬邦邦的盐壳，据测量，它的承载力为每平方米43吨，足以经受数十吨大卡车的荷重。于是这里就有了一座独特的、令人惊叹的桥梁，也是世界上独一无二的、没有桥墩和桥梁的、架设在盐湖上的桥。这座桥全长超过30公里，折合成中国传统的长度单位"丈"，约有一万丈，因此这座桥又被叫做"万丈盐桥"。万丈盐桥所在的察尔汗盐湖，拥有巨量的钾盐和钠盐，其中的氯化钠储量达550亿吨，够世界人民食用两千年！盐湖桥的路面比世界上最好的柏油路还要平滑。汽车飞驰在这条公路上，就像奔驰在大理石上。远远看去，这条公路亮晶晶的，还有些透明，简直就像水晶。我们知道，盐遇到水就会溶化，如果下雨，这条美丽的水晶桥不就完了吗？别担心，不会的。察尔汗盐湖能够用盐修筑公路的原因除了盐多外，还因为那里的气候常年干燥，很难下雨。即便是偶尔下点雨，这条公路也会完好无损。如果有些损坏，也很容易修补，只需要从路边挖点盐放到损坏处，再往里面浇点水，风干后就又变得平整光滑了。

20世纪50年代，许多国家就把食盐放在与煤炭、石油、石灰以及硫磺同等的地位上，并将之合并称为"五大基本工业原料"，所以也把食盐称作"化学工业之母"，食盐的消耗量一度被视为"现代工业文明的尺度"。盐的用途极为广泛，至少包含1.4万多种，除了大家所熟知的调味、防腐，更多的是运用在农业与化工等方面。一般来说，工业发达的国家绝大多数都属于消耗盐最多的大国。截止到目前，全球产盐量大概是2亿吨，美国是产盐量最高的国家，中国大陆是第二位，紧接着便是德国。

在我国，大多用原盐作为生产食盐的原材料，次一点的是粉碎盐或精制盐等。以食盐为主，通过增加一些添加剂构成的产品属于其直系亲属。例如加碘盐、餐桌盐、低钠盐、虾味盐、饲料盐、营养盐、佐料盐、健康盐以及肠衣盐等。与此同时，通过在饲料中添加钙、磷、铁和钴等，以及添加防蝇剂、防腐剂以及防腐物等，又能够构成新的食盐品种。除了上述品种之外，食盐的直系亲属还有蒜味盐、葱味盐、维生素盐、辣椒盐、胡椒盐、调味盐、香料盐、肉类调味盐以及加锌盐等数百种产品。还有以食盐为主生产的化工产品及其衍生物，它们属于食盐的旁系亲属，主要包括纯碱、烧碱以及盐酸等，也有不胜枚举的庞大数量。当然，制盐工业的副产品包括硼、钾、溴、碘、锂、锶、钡、钙、镁、钕、铯以及镭等盐类或其他单质，也属于非常宝贵的化工原料或再加工产品。随着生产的进步，人民的生活水平有了显著提高，人们对各种特殊用途的需要增加了食盐的品种，食盐家族也日益壮大。

■ 古文字中的卤与盐

明代时期，有一个名叫邱仲深的人说道："考盐名，始于禹，然以为贡，非为利也。"他得出的这一结论是根据《禹贡》，而《禹贡》称："海岱惟青州，厥贡盐、绤。"《禹贡》隶属于《尚书·夏书》的篇名。根据近代学者的研究，其成书的时间大概在周、秦之际。《禹贡》历代以来被认为是地志方面的经典性著作，它的记载应该是可信的。但是，一些时间涉及洪荒，对千年后追记的传说等，其所反映的具体内容或时空，依然需要根据历史的整体发展进程再加以推断。

夏朝的时候，还没有文字出现。殷商时期就已经出现了甲骨文、金文。有些专家翻阅《甲骨文编》与《金文编》，都没有确认"盐"字的出现，也因此夏禹时期是否已经有了"盐"的名称，至今还有存疑之处。汉许慎著《说文解字》，在其第十二篇中写了"盐"字。许慎解释说："盐，卤也，天生曰卤，人生曰盐。从卤，监声。"段玉裁注，在引用《周礼》"盐人掌盐之政令"之后说："有出盐直用，不涑治者；有涑治者。"即是说，"盐"和"卤"实际上是指同一种物质；但是，"盐"和"卤"之间还存在一些区别，按照许慎的说法，自然形成的盐叫作"卤"；只有经过人工制成的才叫作"盐"。如今看来，在同一个产盐区，从自然形成的"卤"到人力加工而成的"盐"之间，还应当存在一段时间的发展过程。

金文中没能找到"盐"字，却找到了"卤"字。西周末年和东周初的金文中也发现了"卤"字，由此说明，当时在渭水流域或黄河中游，还极少出现有经过人力加工制成的盐，或者说在周天子的统治区内，"卤"或"鹽"，只属于最主要的"盐"。

在金文中，"卤"与"西"代表同一个意思。唐兰指出："古代地处黄河下游，河东盐已被认为是西方，所以'西'和'卤'为同一字。"最早使用或曾丰富古代汉字——甲骨文、金文的商代人，其统治中心都在今河南中部以东及山东境内，河东及关陇地区都被认为是"西方"，以"西"为"卤"，意思是河东、关陇出产的自然盐（包括河东的鹾盐及关陇一带的池盐）。

古代商人，曾在今山东的曲阜一带活跃。曲阜靠近东海，不过在他们的脑海里，只有"卤"（天然的盐）生产于西方，而没有盐（天然的盐）在东

▲ 甲骨文

方产出的概念。这表明在商代时期，人力加工生产的盐，已经在山东滨海出现，或因质量低下、或因数量很少，还没能受到在曲阜一带活跃的商人关注。

文字主要是记录语言的一种直观符号，语言在文字之前就已经形成了。因此，"卤"名也应该早于"盐"字。今人看到金文中的"卤"字，尽管据考证是出现于周代，但是，从以"西"为"卤"的记载来推断，至少在周武王灭纣之前的商代就已经出现了。至于对"卤"的发现与最初使用，时间肯定在商代之前，甚至能够追溯到夏，乃至于夏之前的洪荒时代。

■ 中国人开始采盐的历史

据考证，《天工开物》把盐的来源分为"海、池、井、土、崖、砂石"等六种，发现与食用自然形成的天然海盐、池盐、岩盐、盐泉以及土盐等都是人类食盐的开端。

在古人看来，天然盐，即"卤"并不能称作盐。古代由人工最早制成的盐，有可能是海盐。据有关古籍记载，炎帝时期的夙沙氏开创了用海水煮盐的历史，史称"夙沙作煮盐"。夙沙氏这个人，不过是一个传说中的人物，事实上用海水煮盐，应该是生活在海边的古代先民经过长时间的摸索与实践才创造出来的。或许是夙沙氏把煮盐的方法提升推广，后人也便将夙沙氏称为采制海盐的鼻祖了。

湖盐，又叫作池盐，内陆盐湖因为受到干燥气候等影响，很容易自然生成结晶盐。历史上出现最早的河东盐池，据说便是借助风与太阳的蒸发作用，自然生成的食盐，史称"解盐""潞盐"或"河东盐"。因此河东盐池的历史久远，或许表明盐池采盐的历史可能并不比海盐晚。

时至今日，青海省境内的察尔汗盐湖与茶卡盐湖就是盛产这种池盐的场所。池盐具备自然结晶的特点，晋人王著《洛都赋》云，"河东盐池，玉洁冰鲜，不劳煮沃，成之自然"，意思是指池盐不需要经过大火熬煮，自然就生成了。河东盐池处于黄河流域，由此可知生活在黄河流域的古代先民，应该最早接触到这种天然池盐。

因为历史记载有限，如今已经很难判定究竟是池盐的时间比海盐的时间长，还是海盐的历史比池盐的历史更加悠久，因为海盐也可由滞存浅滩的海水经过风吹日晒，再加上蒸发作用而自然结晶生成。生活在海边的古代先民或许也很早发现并食用这种自然结晶生成的天然海盐。此外，自然生成的池盐、海盐、裸露在地表的岩盐、自然外泄的盐泉以及随处可见的土盐，只要有人类在生成这些天然盐的地域内活动，先民总是能够很快发现它。只是因为时代过于久远，也就很难判定池盐和海盐发现的时间先后。

在中国历史上，井盐的出现较池盐或海盐来说稍微晚一点，按照有关文献记述的井盐最早出现于战国时的巴蜀地区。《华阳国志》说是通识天文地理、慧眼识别水脉的李冰发明了盐井开凿的技术。李冰在治水的同时，曾仔细勘察过地下盐的分布状况，并且凿出了盐井。成都等地曾经出土过一批盐井画像砖，形象生动地再现了古代的井盐生产过程。

第二节　与盐有关的趣味故事传说

■ 白兔井的故事

如果说宁厂是上古盐都,那么云安就是历史时期的三峡盐都。现在,她也成了一座即将消亡的古镇。云安镇在重庆市云阳县,距离云阳老县城15公里。云安镇因盐而立,因盐而兴,因盐卤的消失而衰老,又因三峡水库工程而没。今日再往云安,老街古庙已无影无踪,盐井卤管更成昨日回忆,能看到的只有倒灌的白茫茫的长江水。在高处的一些新楼房里,还可以找到迁居者,向人们述说云安旧日的掌故。

云安镇位于内陆的大山里,幸好有一条小得不能再小的河流将她串了起来。这条河虽然小,但却是长江的一级支流,而且是一条名气很大的河——汤溪。汤溪河发源于巫溪县,贯穿了云阳县的全境。

早在1000多年前,汤溪河就已名见经传了。北魏地理学家郦道元在他的名著《水经注》中曾提到:

江水又东经瞿巫滩。即下瞿滩也,又谓之博望滩。左则汤溪水注之,水源出县北六百余里上庸界,南流历其县。

文中的汤溪水,就是现在的汤溪河,可见汤溪河得名甚早。汤溪河历史上也曾被称为东瀼河。明嘉靖《云阳县志》载:

东瀼河,县东一里,自汉中万顷池出,经五溪巡河,云安盐场入大江。

依照其流经地域和方位看，此东瀼河即汤溪河。历史上叫做东瀼河的不止这一条，奉节县的草堂河也曾以此名。据《读史方舆纪要》卷六十九称：

东瀼，在县东北，流入云安场下流入江，以水在东而名，非奉节之东瀼也。

从文献上看，汤溪之名要早于东瀼之名出现。东瀼河之名估计始于唐宋时期，为汤溪河的别名。

之所以要特别把汤溪河单独大书特书，是因为这条河出产盐卤，因为有了盐卤，才有了要重点介绍的云安。同样，因为有了盐，汤溪河就显得很重要了，也对它的水道产生了明显的影响。唐代，汤溪接近云安的15里河段，"澄清如镜，舟楫无虞"，可以安全航行。但靠近长江口的15里，"皆滩石险恶，难于沿溯"。到清代后期，"小舟运载可至云安塘"。汤溪河一直是云安盐场运输的重要航道，无疑是云安的生命线。

云安镇位于一个小盆地的边缘，汤溪河穿镇而过，把镇分为南北两岸。汤溪出峡谷后，在这片相对平坦的盆地内显得婉约而抒情。它在云安镇的场头，用优美的弧线画出一大片浅色的卵石；到了镇中部一带，又随意地抛洒出秀气的长滩；接下来，又在岸边勾描出一处银白色的沙滩。

汤溪的名气并不在于它的美丽，而是它盛产的盐泉。据《水经注》记载，汤溪"翼带盐井一百所，巴川资以自给"。众多盐井中，以白兔井最为著名，是云安盐井的始祖。在传说中，白兔井有着悠久而动人的故事。

公元前206年，汉王刘邦为准备与西楚霸王项羽争夺天下的战争，采纳谋士萧何的建议，与将军樊哙入蜀召兵纳贤。这年秋天，他们来到时称巴郡朐忍县的现云阳地界募兵，但收获甚微。原来是一个来自中原的名叫扶嘉的秦遗民，在人民群众中做反战宣传工作。由于扶嘉把中原地区先进的农耕技术和文化带了进来，深受老百姓爱戴，当地人都愿意听他的话，都不去当兵。刘邦又气又爱，决意把他收过来当谋士。

恰好有一天，樊哙在云安一带公干，当时他正饥渴难耐，突然看见一只很大的白兔从河滩前跑过，立即张弓搭箭向白兔射去，白兔被射中后并未立即倒下，而是负箭逃跑。樊哙紧紧追赶，白兔跑到山坡上一片草丛中，突然就不见了踪影。樊将军也跟着钻进草丛，不料却摔倒在地。原来这里很潮湿，不远处还冒着腾腾白雾。樊哙顺手将草拔掉，却冒出一汪泉水来。他正觉渴得慌，捧起就喝，发觉又涩又咸，但同时又觉得精神为之一振。樊哙回去后把自己的经历告诉了刘邦，刘邦知道这是难得的上好盐泉，是十分重要的战略物资。于是刘邦通知附近的老百姓，要他们开发盐泉。

群众闻讯赶来，围着刘邦看盐泉。刘邦注意到其中一个看上去像北方人，气质高贵，与众不同。刘邦对着那人突然直接喊："扶嘉。"那人一惊，承认自己就是扶嘉，表示既已被识破，任由处置。没想到刘邦却对他礼仪有加，要封他做官。扶嘉对刘邦不计前嫌、礼贤下士的态度很感动，但他又不愿离开，只想过平安日子。

刘邦于是尊重扶嘉的选择，答应不在本地征兵，但要他率领群众凿井汲卤、开发盐利。于是扶嘉主持了盐井的开发，以大量优质的盐输往前线，为刘邦的统一战争作出了贡献。

扶嘉派人在涌出地表的自然盐泉周围，以土石围筑成井口，向下挖掘，直到卤水涌出。在开发盐井成功后，以白兔引领樊哙将军发现盐泉的事迹，扶嘉把第一口井命名为"白兔井"。而天下一统后，刘邦感念扶嘉和朐忍百姓开发盐井、支援军队的功绩,以樊将军追赶白兔,看见云雾缭绕,而天下百姓终得安宁为名,将白兔井所在地命名为"云安"。

白兔井的传说,与宁厂白鹿盐泉的发现惊人地一致。其实,在渝东各地,凡有盐泉分布的地方,都有一个动物引泉的美丽传说。可谓是有盐泉必有传说,但将这些传说汇集到一起时,便会发现,这些传说全是一个模式、一个样子、一个套路,连动物引泉的时间都很接近和雷同。不同之处在于有的说是白鹿,有的说是白兔,有的说是白羊,还有的说是白斑鸠。于是,有的人对这些传说的真实性产生了质疑,认为至少有一些地方的传说是后人的牵强附会之作。不过,虽然人和动物都有嗜盐的本能,但是动物的一些器官经过长期的演变进化,对某些物体及其征兆特别敏感,再加上草食动物的觅食习惯总是头朝下、嘴接地,不停地在地面寻找食物,为区分食物与杂物,还往往先用鼻子闻一闻,或用舌头舔一舔,这样,这些"找盐能手"就有可能先于

▲ 云阳白兔井遗址

人类找到盐泉。由此看来，动物引泉的传说又有可能是真实的、可信的，其关键不在于人类是否需要动物的引见来发现盐泉，而在于被动物引见的时间值得商榷。

动物引泉的故事十分引人入胜，这些白色动物尤其让人感兴趣。问题是，为什么引泉故事的背后，不是黑色动物、黄色动物呢？或许对于人们来说，白色象征着吉祥；或许，白色是盐的颜色，尤其受到产盐地人们的喜欢。考虑到发现盐泉的地方，盐卤自然晒干后，容易形成白色的盐渍，远远看上去，容易形成似像非像的动物。在大地的颜色中，白色也是最吸引人目光的颜色。当人们径直发现它，或追赶动物的过程中晃眼一下，极易被认为是白色的动物。

白兔井虽然已废弃多年，但依然挺立在云安镇的南岸，后来的云安盐厂的主要生产区内。它是保存至今的世上唯一的大口井。现在所见白兔井深有43.3米，口径有3.33米。井壁石木结构，外壁用条石垒成，内壁用木板相连为多边形，整体又成近圆形。原井房四角上有立柱，八木支撑房顶，四方无墙。白兔井的生产设施及工具比较简陋。在井口上方高2.5米处悬空架设云盘，垂挂耳板，两耳之间穿滑轮，绳子系挂其上，两头各系木桶一只，用手带动滑轮旋转，来回上下提取卤水。井底卤水自溢不绝。白兔井轮共设滑轮20架，一人一架，汲卤工人一年四季赤身裸体，腰系保险绳，靠汲卤生存。

"三牛对马岭，不出贵人出盐井"。白兔井开发成功后，扶嘉吸取经验教训，终于认识了盐卤的地脉。他在去世前将这句宝典告诉女儿。其女依照所说，又挖出了9口井，大大扩大了云安盐业的生产规模。这九口井依次是上温井、下温井、东井、南井、西井、北井、石渠井、浣纱井、土窝井。由于扶嘉在开发汤溪盐井方面居功至伟，他死后，被人们立为"井神"。

三峡盐都

云安由于产盐，早在西汉的时候，其所在地就设县——朐忍县了。北周时，将县治由万户驿迁至汤溪口，将县名更为"云安"。到了唐代，因云安盐的重要地位，太宗在云安盐场设云安监，以收盐课。宋元时期，云安监一直隶属于云安军。

以白兔井为首的云安盐井，两千多年的漫长岁月，究竟流出了多少盐卤？又有多少盐卤熬成了盐？这些数据可能我们永远也无从知晓，但是一些基本数据还是为我们提供了一些迹象。

早在宋代时，云安盐就已经在全国占有重要地位了，那时，云安监年产量约81.4万斤。明洪武年间，云安盐产量突飞猛进，是宋代盐产量的2倍多，达212.462万斤，到弘治时年产盐更是达249万斤，是宋代的3倍。但是盐产量的过度增加，意味着燃料的大量消耗，云安附近的山林几乎都成了荒山。到了明嘉靖十一年（1532年），终因柴薪奇缺，产量大幅萎缩，仅产6.72万斤。明末清初，因战乱频仍，终致停产。

清初，为恢复和发展云安的盐业生产，开始鼓励私人凿井熬盐。又由于逐渐采用以煤替柴，解决了燃料的问题，云安制盐业逐步恢复，并有较大发展。至乾隆三十六年（1771年）盐产量达1300万斤，是明代年最高盐产量的5倍，也使云安一举跃入四川最大的盐场之一。咸丰三年（1853年）朝廷令川盐济楚，产量又有较大增长。清末，由于改一锅一灶为一锅多灶，云安日产盐7万斤，年产盐达创纪录的2460万斤。

宣统三年至民国24年（1935年），云安盐的年平均产量约为3140万斤；其中颇有戏剧性的是，1920年云安地震，盐井卤水变丰，导致年产量提高 10% 左右。第二次川盐济楚期间，云安年产盐达 4940 万斤，创造了历史纪录。

从以上冗长的数据来看，云安盐的产量在三峡地区首屈一指，其他盐场难以望其项背，堪称"三峡盐都"，甚至比川南的自贡井盐也差不了太多，所以又有人将它与自贡并列为四川两大盐都。

俗话说，"靠山吃山，靠水吃水"，而靠盐的则吃盐。盐业为地方乃至国家的财税作出了巨大贡献。有学者估算，清代盐业正课加上各项摊派，每引可高达百两以上发银，一个年产量有 2000 吨的盐场，实征发银便可逾百万两之多。在宋史传记中，有一位名叫李周的御史，曾任过云安知县。他在任上时，为安抚百姓，免征盐课达百万之多，此举还得到了皇上的赏封，由此便可见其一斑。免征且百万，实征之数就可想而知了。总之，盐业生产事关国计与民生，稳定的盐业生产，既是当地平民百姓赖以生存的基础，也是政府财政来源的主要渠道，又是政治稳定的重要保证。

作为古代"下川东最巨之盐场"，清代云安围绕盐业生产谋生的灶户、佣工、商贩等在十万人左右，光是专为煎盐运送煤炭的就有上万人，"业此谋生者无虑万数"，因此，"邑人食盐利多，男女付贩"。在明嘉靖时，云阳"邑共九里，厂家则四里，县家则五里。于四里煎丁优免以责，供敢于义为当。"可见，云阳县的盐业人口几占全县人口的一半。

"负盐出井此溪女，打鼓发船何郡郎"，"筋力登委集市门，死生射利兼盐井。"食盐是生活必需品，许多人都在围绕它谋生。大诗人杜甫寓居云安，目睹汤溪河畔运盐船队穿梭如织的繁忙景象，在《负薪行》诗中为我们记录了反映劳动妇女不辞辛劳，不顾生死，上山砍柴，到盐井负盐贩卖的情景。当地的男孩长大成人后，或扬帆远行，或在山间奔波，或投身盐场养家糊口。"小儿学问止论语，大儿结束随商旅"便是杜甫在云安的亲身见证。经营盐业，销量大，获利丰。渝东自古以来就是产盐区，富商多出自渝东，而且多为盐商。如被称为"三蜀大贾"的龚播，《太平广记》卷四百一《龚播》就记："龚播者，峡中云安监盐贾也。其初甚穷，以贩鬻蔬果为业。"就是靠贩盐而致巨富。盐业使当地人摆脱了落后状态，生活在渝东地区算比较富足的。宋代诗人范成大写诗赞叹道："云安酒浓曲米贱，家家扶得醉人归。"由于盐业生产的繁盛，云安的商品交易也极发达。唐代李贻孙《夔州都督府记》载云安："商贾之种，鱼盐之利，蜀都之奇货，南国之金锡，而杂聚焉。"云安甚至超过县城，成为域内最大的城镇。正如民国《云阳县志》所云："蜀盐之利，比于全国，率在中上，县盐务之于全蜀，率于如此，然任土所出，于县境食货，实为大宗，利之所凑，食其业者，自卤主、煎户、运商、肆夥、汲拽、都养，洎乎沿江煤窿、舟挽、驮驱、转移执事于其间者，无虑数万人……亦为县境一大都会。"一代代的商人运盐出川，又带回本地没有的物品，使峡江内外的交流逐渐增多。

云安的盐除了本地销售外，还一度远销重庆、成都、渝东南和鄂西等地，这样，除了本地人在云阳贩运食盐外，还聚集了大批外地人来此做各种生意。在明代中期以前，盐业生产一直处于官方的严格管理之下，由具有特殊户籍、承担产盐徭役的灶户充任。到明代中期以后，政府逐步将盐井卖于私人，至清代，更是允许私人开凿盐井和从事盐品交易。于是很多外地人携资到此投资。一时间，云安镇商贾云集，人声鼎沸，车水马龙。各地商人依靠自己手中的资金实力和特长，自然地形成了一种行业分工：江西、陕西巨贾购置井灶，湖北黄州人制作卤水，忠县、丰都、万州、涪陵人熬盐，茶陵人刘、张、彭、陈四姓成立"四合店"总揽运输。这些离乡背井前来开拓新天地的人，依据自己的籍贯，逐渐在云安镇上开设了各自的会馆，有陕西会馆、湖北黄州的帝王宫、忠县的川祖宫、湖南的炎帝宫等。在清乾隆时期，云安有商号 300 余家，成为川东重要的工商业重镇，富甲一方，有"银窝场"之称。

盐是云安的特殊物质，是云安人的衣食父母。如果说盐是血液，被输送到人体的各个部位，那么云安镇就是心脏，是盐铺就的网络的中心。云安的兴亡，关系到好多古代场镇的兴衰。

在离云安不远的长江边，就有这样一个与云安荣辱相连的古镇——西沱。西沱是古代闻名遐迩的"盐镇"，以经营云安盐（包括自贡盐）享誉巴蜀内外。早在宋代，云安盐就通过西沱转运湖北恩施、利川、来凤一带，西沱镇就是千里盐道的起点和转运站，到了明清时期，这里更是长江岸边商业贸易往来的重镇。西沱镇上的"下盐店"就是云安盐业商史的历史见证。下盐店依山面江，与驰名中外的旅游胜地忠县石宝寨隔江相望。下盐店建于清初，相传为清代举人杨氏所建，建筑面积达 1.3 万平方米，现存有正厅、回廊等。整个建筑系木质结构，金黄色的木楼掩映在重重叠叠的古民居之间，别具一格。下盐店的盐仓为封闭式建筑，墙壁全用木板横装，木板与木板之间吻合得天衣无缝，玲珑剔透，古色古香。西沱镇有一条著名的云梯街，街梯直上山顶，两边则分列各式店铺，云梯街就是一部不断运盐进山的梯子。在云梯街的下面，是始设于元代的水驿站。据说，每到夜里，停泊在这里的大都是装运云安盐的盐船，声势浩大有上百只，把整个江边挤得水泄不通。正是这些来自远方的盐，让西沱兴盛了上千年。

云阳县境内，除了汤溪河外，另一条著名的河就算澎溪河了。在澎溪河的高阳镇，有一大片平坦的土地，现在上面只有为数不多的人居住劳作。可是在唐代的时候，这里却是一处繁华的江边小镇。1998

年以来，四川大学考古队在这里进行了长达多年的考古发掘，他们揭露了唐代的街市、寺庙、交易市场等，城镇的格局活灵活现。这个已经消亡的唐代古镇与距此约几十里的云安镇有一些关系。考古领队李映福教授认为，这个唐代小镇，

▲ 古村落

有可能是食盐集散地，或者食盐集市交易场所。他这样说是有根据的，宋代《云阳县志》说，云安盐在盐渠道上（水市）起滩（转陆运），运往高阳（明月坝），再转水运，可通开州、利州等地，这条盐路的通道一直延续到20世纪70年代。

　　云安盐造就了这些古老的城镇，云安镇就更是一座闪烁着盐之精华的古镇了。

　　如今的云安古镇，在两千多年的繁华后，终于抵挡不住现代制盐工业的冲击，日渐衰落了。1988年，与云安同在一个大盐矿——万云盐盆的万州高峰乡"万盐一号"井钻通后，云安的千年卤井正式废止了。自此，那些浸满卤味的盐井成为了人们凭吊的遗迹。2002年，考古者来到这里，发掘了一些远古的盐井和盐业作坊，他们发现了大量的制盐遗迹，以及盐工们用过的遗物。考古学者的到来，意味着一段历史的终结和记忆时代的开始。

　　云安，这个曾经富商云集，积淀了厚重历史的古镇，它的柜台、祠堂、会馆、龙君宫、五显庙、陕西箭楼、九间铺，它的幽深的附着青苔的盐井，如今都已沉入江底。那些盐井上的井架，提卤的木辘轳，蒸盐用的尖底锅，汲卤的桶，如今都被怀旧的人们珍藏着，但它们再也没有实际

用处了。古老的云安，将永远活在人们的心中。

■ 白鹿引泉的由来

在大巫深山处，那里的水叫大宁；在大宁河的深处，有一个谜一样的古镇，它今天的名字叫做"宁厂"。宁厂坐落在后溪河深山峡谷中的宝源山下，地处大宁河与后溪河的交汇口。在南北走向的高山之间，一道峡谷穿越镇的东西。

宁厂古镇现在是重庆的历史文化名镇。仅仅是僻在深山，靠一些破败的老房子显然不能成为历史文化名镇。宁厂最值得骄傲的是它的盐泉和悠久的盐业文化。

宁厂的盐泉至今仍流淌不停。现在，沉寂的古镇中只剩下一些老人和孩子，唯一能听到的就是大宁河与盐泉那已经流淌了千百年的声音，一切都仿佛浸泡在一个不曾醒来的梦境中。在盐泉被发现后的几千年来，盐业一直是这里的经济产业。宁厂是一个不足4公里长的集镇，曾承载过空前绝后的繁荣与喧嚣。极盛时，这里曾有多达数百个盐灶，号称"万灶盐烟"，从事盐业生产及相关产业的人达数万人。《蜀中广记》卷六十六："不忧冻馁，不织不耕，持盐以易衣食。"宁厂的盐泉最早被称为咸泉。"盐，咸也。"《说文》在很早以前就给了我们这个解释。当代学者任乃强做了进一步的阐发："咸字加心，为感觉的感；加水，则为减，为减退之减。故可设想，咸即古人用以表示食盐的字。"《舆地广记》中所记的咸泉大抵就是说的宁厂的盐泉。西晋左思《蜀都赋》刘逵的注中就说："滨以盐池……出巴东北井县，水出地中，涌泉可煮以为盐。"晋代的时候，宁厂地属北井县。

这个地下的涌泉，就在宁厂。至今这泓泉水仍在汩汩流淌，从山石间倾泻而出。现在，人们把它叫做白鹿盐泉。白鹿盐泉在宁厂镇北，这里是一座山，山名"宝源山"，当地老百姓简称"宝山"。宝源山正是我们前面曾提到的登葆山。古时候，"葆"与"宝"是同源字，《辞海》上说：葆，珍贵，通宝。后来的《大明一统志》进一步证实说："宝源山，在县北三十里，旧名宝山。"宝源山"山半有石穴，出泉如瀑，即咸泉也"。

▲ 白鹿引泉遗址

宝源山的盐泉在靠近山麓的地方，远远就能看见那像瀑布一样的山泉。可以想见，远古第一支人群走到这里的时候，就一定用双手捧起这白花花的清泉，他们本希望缓解长途旅行带来的饥渴，没想到这泉水却咸咸的，富含盐分。他们也没有多想，就在这大山沟里住了下来，就因为这股盐泉。

但是在宁厂人和各种史籍的传说中，宝源山盐泉的发现历史比人们的想象更有趣、更浪漫，这个故事也是宁厂的男女老幼都能讲的——白鹿引泉。

传说很早以前，大宁河一带还是荒山野岭、毒蛇猛兽占据的地方，很少有人到得了这里。住在下游河滩一带的巴山人以打猎捕鱼为生，他们经常乘着独木舟往来于大宁河上。

有一天，一个青年猎人背着弓箭，带着猎狗进山狩猎。他顺着河边走到一座林木茂密的大山下歇息。抬头一看，发现山顶正像一个两端上翘的元宝。猎人正看得出神，忽然眼前闪起一道银光，煞是耀眼。定睛一看，只见森林中蹦出一只白色的鹿子来，正站在河边一尊突出的岩石上望着猎人。

一般的鹿子都是黄色或有斑点，白色的鹿子还很少见到。猎人暗自称奇，不免被白鹿吸引，更加仔细地看着鹿子。那只鹿子一身纯白，在阳光映照下还闪着光亮，有如冬天山顶覆盖着的白雪。猎人决心把它捉住带回去，让乡亲们也看一下稀奇。可是，还没等他行动，那只白鹿已经扭头跑出很远了。猎人于是带着猎狗紧紧追赶。白鹿身手矫健，弹跳有力，在林间像舞蹈一样。猎人愈加被吸引，始终追赶不舍。

但他追了很久也没有追上，但又总能看见白鹿。猎人感到惊奇的是，人追得紧，白鹿就跑得快，人追得慢时，鹿也慢下来。猎人与鹿子总隔着一定的距离，既捉不到，也射不到。白鹿边跑还边回头看，就像是在为猎人引路似的。就这样追啊追啊，跑了不知多少里路，最后来到两条河交汇的地方，却见白鹿拐进了半山腰的一个山洞。猎人追到洞口，又见银光一闪，白鹿不见了。猎人随即钻进山洞，发现并没有别的出口，他不明白那只白鹿怎么会突然消失了。

猎人到底没有捉住白鹿。出洞口的时候，却见到刚才没有注意到的洞里流淌着一股清澈的泉水。此时那山泉正淙淙地顺山崖流进大宁河，山洞距河面有几丈高，泉水飞起来恰好形成一条宽宽的瀑布。猎人正觉口渴，便蹲下身去，双手捧起泉水喝了一口。他发现那泉水的味道是咸的，而且还有回甜。他只喝了一口，立刻觉得精神百倍。猎人也不再因为没有捉住白鹿而沮丧了，干脆俯下身去喝了个痛快。

之后，猎人从河边砍来一截竹筒，盛满泉水带回家，他想让乡亲们都来尝尝这神奇的咸泉！猎人将竹筒放在家门前宽大的青石板上。跟着猎人追赶白鹿的猎狗因为口渴，围着竹筒要喝水，但因为够不着，着急的猎狗不料把竹筒碰倒，筒内的泉水便全部倾洒在青石板上了。猎人虽然觉得有些可惜，但念着猎狗一向忠诚，也没有太在意。

过了一天，猎人却发现门前的青石板上结起了一层白花花的亮晶晶的盐粒，他拿手指沾上一点品尝，发现其咸味更加醇厚。他把打猎得到的麂子肉沾上盐晶，烤熟后再吃，味道更是非同一般。猎人于是知道那咸泉正是人所需要的宝物。此后便带领乡亲们，从山上林子里砍出一条路来，用竹筒把咸泉引下来，洒在石板上晒干取盐。从此山里人专心制盐，过上了无忧无虑的生活。

这就是白鹿盐泉的来历。这个故事在《巫溪县志》《巫溪县盐厂志》《中国民间文学集成·巫溪县卷》，清乾隆《大宁县志》，光绪《大宁县志》等多种出版物上都有记载。

白鹿引盐的故事最早形成于何时，现在已经无法考证。宋人王象之《舆地纪胜》："宝源咸泉，其地初属袁氏，一日出猎，见白鹿往来上下，猎者逐之，入洞不复见。因酌泉知味，意白鹿者，山灵发祥以示人也。"最迟在明朝末年之前，白鹿引泉的故事就已完全成形，因为两部《大宁县志》中引用的前朝作品已将传说写成了碑记和诗歌。如明末"夔东十三家"的抗清名将贺珍，在为宁厂龙君庙写的碑记中就已经有了这个故事的概要："龙君庙创自汉代，相传猎者见一白鹿而逐之，遂得盐泉，始庙祀焉。"如果这个说法可信的话，则白鹿引泉的故事在汉代人修建龙君庙时就已经流传下来了。

有一点可以肯定的是，白鹿引泉的故事绝不是一朝一夕形成的，它应当是在传说的基础上，经年累月层层加码逐渐形成的。须知，宁厂盐业有文献可考的历史至少可以追溯到汉代，所以宁厂盐泉的发现应不晚于汉代。

千百年来的白鹿盐泉为人们提供了无尽的财富，人们对这眼洞穴恭敬有加。我们现在看到的白鹿盐泉，泉洞口刻有一条健硕的石龙，清泉从龙嘴喷出。也许人们不相信这是自然界的财富，他们宁愿相信那是吐水的龙的杰作，他们也许想，泉洞就是龙身，它还需要一个龙头。

他们宁愿相信这是上天的恩赐，只有传说中的祥龙才有这巨量的无尽的盐卤。他们还要给这盐泉和龙修一座庙，这座庙就叫"龙君庙"。

现在，白鹿盐泉所在的地方，就有这样一座木房，房屋把龙头罩住。虽然这座房屋看起来已经无比破败，但它正是宁厂人心目中的龙君庙。龙君庙是一座穿斗式的木结构房子，由于年久失修，屋顶和四壁已经露出大片的空洞。站在远处就能透过漏墙看到后面的盐泉，因为没有了障碍物，泉水哗哗跌落的声音肆意地扩散。龙君庙木地板下就是一屋的平静的盐卤，虽然相隔咫尺，但它们永远也不会漫到屋内地面上来。因为在庙前，就有几十个小泉眼构成的分卤板，无数的管道插放其间，把卤水源源不断地分到宁厂各个盐灶上。龙池和分卤板是宋代大宁知监雷说设计的。外侧拦木板，在木板上开凿30个一样大小的方孔，后来孔眼增加到68眼，在孔眼外承接竹管，分级接引，分配各灶。雷说的办法解决了卤水分配不均的问题，避免了因争卤而时发的纠纷，这既是引卤方法的一大改进，更是卤水管理办法的一大进步，充分体现了古人的聪明才智。

明代潮州知府陈镇的《白鹿盐泉》一诗恰如其分地描述了宁厂盐泉，兹录于下：

盐井平分万灶烟，引从白鹿记当年。
行郊曾应随车雨，逐野欣逢涌地泉。
天谴霜蹄通潋滟，人从去云麓觅清涟。
出山已备和羹用，玉液功名鼎鼎先。

■ 三峡地区的盐财富之争

巴人因最早人工制作出了盐巴而名扬天下，虽然三峡地区的生存条件并不是太好，但盐泉中的财富却养活了一代又一代的巴人。占有这批巨大财富的人们引起了远方敌人的觊觎，他们幻想着有朝一日能够得到它；内部的邻居们也因为这些轻易就获得的财富而妒忌，他们伺机占有它。

控制、争夺、战争、杀戮开始了，白白的盐卤成了致命的财富。

首先，在夏代启的时候，夏王朝刚刚建立，虽然他们在山西南部拥有巨大的解湖盐池，但似乎仍不能满足整个国家对盐的需要，他们也需要更多的财富。他们逐渐向四周扩张，企图控制山东沿海的海盐，又进一步瞄向南方，垂涎三峡的井盐。但三峡毕竟离那时的中原太远，难以直接通过侵略达到掠夺的目的。显然，间接控制这一地方，然后通过贸易或贡纳等渠道，向王朝提供质优价廉的盐是最可行的。

于是，夏启派出了自己的使臣赴三峡地区，这就像后来的中国天朝向蛮夷之地派出特使，让他们归顺一样。这位使臣的名字叫"孟涂"，此事见载于《山海经·海内南经》（第十）。那上面说：

夏后启之臣曰孟涂，是司神于巴。人请讼于孟涂之所，其衣有血者乃执之，是请生。居山上，在丹山西。

此事《竹书纪年》卷三亦有简略记载：

帝启八年，帝使孟涂入巴莅讼。

大巫山在古代又称丹山，丹山之西，恰好正是宁厂盐泉所在之地。据"夏商周断代工程"对夏代基本年代框架的认定，夏代始于公元前2070年。可以推断，作为夏启之臣的孟涂入巴莅讼，其时大约在公元前2060年左右。夏启袭位后，即放弃其父禹所都之地——阳翟，将政治中心向西方迁移，建都安邑。安邑之地，临近河东解池，可见启欲将盛产食盐的解池牢牢控制在手中。据考古专家研究，晋南地区此时期普遍发现有一种叫做蛋形瓮的陶器，形体高大，是为储盐的器具，另外还发现有一些特殊的房址，亦可能是储藏食盐的仓库。三峡地区虽然远离夏都，但早期巴人以盐立国而致繁荣兴盛，以天下为家有的夏启当然不会轻易放过，故派遣孟涂入巴主持讼事。

孟涂到巴地的目的，本来是来司神的，却干起了主持诉讼的副业。孟涂的这一系列行为，无非是在当地建立权威，笼络人心，进而控制巴盐的运输和贸易。围绕这笔天降财富，最为令人唏嘘的争斗却发生在巴人内部。这就是著名的廪君和盐水女神的故事。《后汉书·南蛮西南夷列传》引《世本》说：

巴郡南郡蛮，本有五姓：巴氏、樊氏、瞫氏、相氏、郑氏。皆出于武落钟离山，其山有赤、黑二穴，巴氏之子生于赤穴，四姓之子皆生黑穴。未有君长，俱事鬼神。乃共掷剑于石穴，约能中者奉以为君。巴氏子务相乃独中之，众皆叹。又令各乘土船，约能浮者当以为君。余姓皆沉，唯务相独浮。因共立之，是谓廪君。乃乘土船从夷水至盐阳。盐水有神女，谓廪君曰："此地广大，鱼盐所出，愿留共居。"廪君不许。盐神暮辄来取宿，旦即化为虫，与诸虫群飞，掩蔽天日，天地晦暝。积十余日，廪君伺其便，因射杀之，天乃开明。廪君于是君乎夷城，四姓皆臣之。廪君死，魂魄世为白虎，巴氏以虎饮人血，遂以人祠焉。

从这段记载来看，巴人先祖之一的巴氏五姓，起于武落钟离山一带。这个武落钟离山，据《水经注·夷水》说就是佷山，又说山有难留城。《太平寰宇记》卷一四七"长阳县"条下也记有难留山，"在县西北七十八里，本廪君所出处也。"佷山在今湖北长阳县境的清江北岸。那时的巴人五姓尚没有君长，没有建立自己的政权。于是，相约通过向山洞中投剑来确定君长。其他四姓的人都没有投中，唯天生神力的务相一掷而进，让大家十分惊叹！但是四姓之人认为就此尚不具备资格做大家的君长。于是又加赛造土船，结果务相造的土船不但雕纹画栋，而且结实实用。

其他四姓的土船还没乘到江中就沉没了，独务相驾舟在江中航行自如。于是众人叹服，共同推举务相为首领，号称廪君。

廪君在这场选战比试中充分体现了他高超的文治武功。他是一个志向远大而意志坚定的人，他有着雄心勃勃的计划。对于这样一个刚刚建立起来的、我们姑且称之为"国家"的政权，廪君深知扩张势力和获得支撑国家的财富是当下最为紧要的两个目标。其实，这两个目标是可以通过一件事情解决的。廪君胸有成竹，他知道即将有一场战争要发生。但他未曾料到，同时有一场难舍的爱情正向他袭来。

廪君的目标是温婉可人的盐水女神！

廪君率领族人从夷水下至盐阳。盐阳的主人盐水女神早就听说了廪君的英雄故事。现在，当这位传说中的阳刚、智慧的男人站到自己面前时，即使贵为"女神"的她也倾倒了，在她的心中，廪君刮起了一阵阵的风暴。她一见倾心。被爱情击倒的女神，来不及观察廪君脸上的杀气，来不及细想这位不速之客的居心。盐神完全放弃了警惕，她只顾向心中的偶像忙不迭地讨好，她想与他结为连理。她想向廪君献出自己的大礼，以达到自己的目的。这位善良的女人向廪君说："我们这里地盘很大，又出产鱼盐！希望你能留下来，我们一起生活。"在美丽、善良的女神面前，在浪漫的爱情面前，廪君的心曾经有一丝动摇。他虽然嘴上说不同意，但他脸颊的杀气却慢慢褪了下来。在廪君的默许下，盐神天天夜晚来与廪君同宿，试图以柔情俘获他的心。天亮以后，盐水女神就化装成她们的图腾，与众多族众一起，在廪君面前跳起了飞翔的舞蹈。她们的图腾看起来是一些昆虫，美丽而毫无杀气。

廪君在这样的温柔乡里度过了十余天，他差一点就此迷失在蜜一样的日子里。但是有一种盐阳才有的东西始终萦绕在心头，这个东西在提醒他，他必须从梦里清醒过来，他需要斩钉截铁地斩断这段情愫。

廪君想让他的情人离开得甜蜜一些。他设计了一个看起来十分浪漫，但又充满悲情的杀戮计划。他派人给盐水女神送去象征爱情的青色丝巾，深情地说："你戴上它吧，那表示我们互相爱恋。我愿与你同生共死！"痴情的女神接受了廪君的爱情宣言，佩戴上了爱的丝巾。她脸上充满了爱的喜悦，图腾舞跳得更欢了。丝巾在众多装扮成昆虫的舞者中飞扬，显得那么轻灵和醒目。站在一块高耸的岩石上观看这场盛会的廪君，瞄准青丝巾，弯弓搭箭向她射出了决裂之箭。可怜的盐水女神中箭而死，漫天飞翔的"昆虫"四散而走。舞会在盐水女神不解的目光中停止，阳光照耀下来，流淌的鲜血像鲜花一样绽放。

在后来的巴人后裔中，这段凄美的爱情成了祭祀歌谣的一部分：

廪君姬兮为女神，神刚强兮不可凌。
身既共兮皆随唱，何以斗兮使勇武？
中箭落兮为鬼雄，魂魄飞兮在天灵。
神逝去兮天地在，歌巫祭兮以安神。

▲ 德济殿

盐水女神至死也不明白她深爱的廪君为什么要杀她？盐神与廪君不可理喻的爱情，也许早就被人注意到了。作为这个传说的"修订"版，"巫山神女"的传说就把楚襄王和巫山神女间的云雨故事写得缠绵悱恻，优美动人。很可能，后来的楚人也不能理解廪君的乖张。

廪君自己知道这个理由，那就是萦绕在他脑海里的东西——盐。

盐，这种今天看来非常普通的白色

结晶物质，对当时的巴人究竟意味着什么？

今天的人很难体会没有盐的痛苦。还原远古时代的生活环境，我们才能理解盐对远古巴人意味着什么。一个人可以一生不吃鱼，却不可一日无盐；有水之地必有鱼，但并非有水之地必有盐。盐就是这样一种物质，它对于古代的人类，正如石油对于今天的世界。谁掌握了盐，谁就掌握了主动权。

这就是这个怪异故事的真相。真相背后的杀伐故事，其实要一直延续到千年以后。

巴国丰富的井盐，让周边强邻眼红不已。到了春秋时期，楚国已经兴起成为江汉地区的大国，他们参与中原的争霸活动，并灭掉了大量江汉平原的小国，国势日盛。这时候，楚国开始将注意力转向西部。公元前634年秋，楚以"夔国不祀祝融与鬻熊"的强词夺理式的理由，派遣成得臣与斗宜申率大军攻打夔国，很快就灭掉了夔国，并将夔王押回楚国郢都。随后命令成得臣在夔地筑城，驻守原夔国地盘。夔国的主要领地在今巫山、秭归一带，很可能还包括了清江流域的一些地方。至今，三峡的夔门就是由夔国而来的，瞿塘峡也被称为夔峡。夔国的上层统治者来自于楚国王室，但其下层普通大众却是巴人。

紧接着在公元前611年，楚国乘着庸人与其交恶，联合巴、秦两国灭掉了庸国。庸的政治中心在今湖北竹山县一带。楚国通过这次战争，不仅控制了原属庸国的鄂西北与渝东北交界的广大地区，更加强了对现今瞿塘峡以东的三峡地区的控制和统治，并修筑了城池。

近年来，在巫山大宁河内的蓝家寨遗址，瞿塘峡东口的大溪遗址等，考古工作者发现了春秋中晚期的，以鬲、盆、豆、罐等陶器为主的，具有典型楚文化特征的一批遗存，而西周至春秋早期的巴文化系统遗存基本消失。清江流域的考古发现也与巫山地区的相一致。为此，从考古学上证实了这一段历史。

主要分布在平原地区的楚国为什么对西部的这片高山大川感兴趣？当然并不全是为了扩张领土，很重要的一个原因就是为了控制盐。在这片地方，有两大著名的盐泉，一是清江流域的盐阳，一是大宁河流域的宁厂。当时，楚国是一个内陆国家，既不能直接获取海盐，中原的池盐也鞭长莫及，而楚国原先所控制的地区是基本不出产盐的。有了三峡东部地区的这两大盐泉，对于巩固楚国的经济基础至关重要，同时也解除了民生之忧。这也为后来楚国的强大和扩张奠定了基础。

巴人的盐业不仅吸引了楚国贪婪的目光，拥有"虎狼之师"的秦国亦加入了劫掠的行列。三峡，成为大国博弈的舞台。

战国中期，楚王就认识到秦有吞并巴蜀的意图。秦国的司马错就认为："（巴蜀）水通于楚，有巴之劲卒，浮大船舶以东向楚，楚地可得。得蜀则得楚，楚亡则天下并矣。"著名盐史专家任桂园教授认为，还有另一个原因，那就是三峡的盐业资源。

楚国首先进行了先发制人的打击。楚威王（前339—前329年）时，先是派遣将军庄蹻带兵循长江而上，扫荡了"巴、蜀、黔中以西"的广大地区，进一步拓展在西部的势力，最后庄蹻进入云南境内，在滇国称王。到秦灭巴蜀之前不久，楚国曾出兵峡江地区助巴平乱。《华阳国志·巴志》云："周之季世，巴国有乱。将军蔓子请师于楚，许以三城。楚王救巴。巴国既宁，楚使请城。蔓子曰：'藉楚之灵，克弭祸难。诚许楚王城。将吾头往谢之。城不可得也。'乃自刎，以头授楚使。（楚）王叹曰：'使吾得臣若巴蔓子，用城何为。'"楚国军队在巴国平乱后，是否得到巴国三城并不清楚，但我们可以设想楚国是不会轻易放弃峡江地区的，其军队很可能并没有撤出巴国。或许控制了巴国的一些地区。

巴与楚相争，自然远不是楚国的对手。公元前316年，秦灭巴蜀。繁荣一时的巴国在群雄争霸的战国舞台上，昙花一现后就永远地沉没在历史的烟波之中了。巴国财富的竞逐者变成了秦、楚两国。就在巴、蜀被灭的同一年，"司马错自巴涪水取楚商于地为黔中郡"，秦国在巴蜀地区开始直接与楚国正面交锋。秦占领黔中以后不久，可能楚国又反攻收回了失地。到了公元前280年，秦昭王"又使司马错伐陇西，因蜀攻楚黔中，拔之"。公元前278年，白起大举攻楚，拔郢，楚襄王败退陈城。约公元前278年，楚人又再度反攻，曾经一度反攻夺回黔中郡。公元前277年，秦再"伐取巫郡及江南为黔中郡"。

黔中郡一带主要有郁山盐泉。这一带的考古工作还比较薄弱，目前尚难有证据说明秦楚是围绕这些盐泉开战的。但在三峡地区，在忠县㳇井盐泉所在的㳇井河流入长江交汇处，近年来却发现了大量的战国中期楚人士兵墓。同样的发现在万州、云阳、奉节、巫山等地一再出现。这些随葬品以鼎、敦、壶为基本组合的楚文化墓葬，从分布范围看，主要集中在沿长江干流一带，这些地点要么附近有盐泉，要么属战略要地。同时，考古专家们也注意到，在深入长江支流内的盐泉出产地，却很少有楚墓发现。典型的楚墓多数就在出产盐卤的支流的入江口，说明楚人并不直接涉及盐业的生产，但却控制了盐业运输和流通的关键之地。显示楚人一改春秋时期直接占有的作风，变得更注重间接控制，以继续利用巴人及其盐业生产技术为楚国服务。

■ 中国盐海：运城盐湖

世界上有多少死海笔者不敢妄加判断。中东以色列和约旦两国共同拥有的咸水湖，古称为"死海"，它的总面积为1049平方公里。由于死海所处地区长年少雨，夏季气温高达50℃以上，湖水不断蒸发浓缩，越来越少，盐度越来越高，咸水湖的面积已缩小为600平方公里。不少专家推断5年之后，以色列死海便不复存在。中国唯一可与以色列相媲美的运城盐湖其咸水盐分比普通海水高出6倍，水生物无法生存，故得"中国死海"之美名。也因咸水的比重为1.2，不会游泳的人也能畅游碧波，人体泛舟，使你享受到"重量感"消失后飞翔一般神奇的体验。

在九曲黄河的臂弯里，横亘在晋南盆地最南端，南北宽5公里，东西长35公里，总面积为220平方公里的盐湖（其中水面为132平方公里），足以让古老的河东人民引以自豪了5000年。因为它是中华民族的发祥地，华夏文化的结胎蒙珠发育之地。

中国死海——运城盐湖，南倚中条山，北靠峨嵋岭，东接瑶台峰，西展黄河边，湖光山色，景色奇特。东西长，南北窄，四周高，中间低，形似一个天然的浴盆，又像一条洁白的玉带，飘落在中条山北麓。它与美国犹他洲奥格丁盐湖、俄罗斯西伯利亚库楚克盐湖并称为世界三大硫酸钠型内陆盐湖。盐湖南畔有"武圣"关公的故里——常平村；盐湖西畔有被称为"天下第一庙"的解州关帝庙；盐湖东畔有宋代名相司马光的家族墓茔建筑群和历山原始森林公园；盐湖北畔有舜帝陵名胜。中国四大名楼之一的鹳雀楼、唐开元黄河大铁牛、永乐宫元代壁画等，都点缀在盐湖四周。尧、舜、禹三帝皆临盐湖建都，均为盐湖增色不少。随着旅游产业的迅速发展，运城与西安、洛阳两大古都联网，形成黄河中游旅游"金

▲ 运城盐湖

三角"。并形成西安看秦俑、洛阳看牡丹、运城漂死海的旅游热点。

历史上统治阶级为了开发利用盐湖，从唐代开始，构建了58.2公里的古禁墙，环绕盐湖一周，形成了一道雄伟的风景线。其功能是阻挡山洪、周边污水进入盐湖。同时，在禁墙建有四个大门，终年盐警把守，防止食盐走私。奇异的是，只有一墙之隔，墙的外面地下水是淡水，而墙内湖水却是咸水。这真是大自然给予人类的神奇产物。

盐湖南岸中条山汉代采铜遗址历历在目，山峰陡峭，森林茂密，峡谷幽长，溪水潺潺，一片绿色淡水湿地环绕四周，上万亩的芦苇覆盖，蔚为壮观。水中鱼虫游弋，悠然自得，50多种水鸟栖息，鸣啭歌唱。

盐湖内硝畦纵横如织，星罗棋布，洁白如雪的梯形硝堆，倒映在湖水之中，正如古人所语："有幸入仙境，身立画图中"。夏季片片水草娥眉绕翠，冬日沉硝浮现银池雪国，春季野花漫布堤岸形成自然天色，秋天路边果实与水面相偎着实喜人。这不是江南胜似江南，浩淼的水域宛如洞庭、太湖一般。相传八仙之一的吕洞宾看见盐湖独特的自然景致撰写了一到楹联："东海载玉树，西池开银花。"

盐湖的开采要追溯到4000年前的原始社会。"天然结晶，自由捞取"，"天然结晶，集工捞采"，一直到隋末唐初出现了"垦畦浇晒、集工捞采"新工艺，产量不断增加，盐利成为封建社会的重要财源。"唐之富庶，盐税其半"，运城盐湖盐税占唐代总财政收入的八分之一，占盐税总收入的四分之一。随着盐务的扩大及流通交易的繁荣，湖北岸的小村——河东府潞村逐渐发展为一个盐运重镇，因盐运而设城，全国只此一处。

这里盐的生产别具一格，自唐至今的"垦畦浇晒"的生产工艺主要分为集卤蒸发：过"箩"、调配、储卤、结晶、铲出五个步骤，被盐工称为"五步法"生产工艺。这种工艺领先于世界海盐生产技术980

年，被英国科学家李约瑟称为"中国古代科技史上的活化石"。它夏产盐，冬产硝。夏天经太阳的光热作用，湖面上就会自然生成片片盐花，供人取之；冬季来临，几场北风降寒，水硝就自动析出水面，薄则30厘米，厚达100厘米左右，洁白如雪，堆放成梯形硝堆，远远望去如座座银岛，矗立水中。郭沫若诗赞为"阳光充炭成银岛，硫钠提纯化尼龙"；田汉吟诗"千古中条一池雪"。此外，在运城盐湖的硝堆上，还可以看到经风吹雨打而形成的又一天然景观，自然形成的溶洞造型，晶莹剔透，形态各异，如润玉，似水晶，像石花，别有情趣，让人感受到大自然鬼斧神工的魅力，引发人的无限遐想。

■ 蜀中盐井与千里栈道

蜀中盐井知多少，功利端能与海分。

倘若此山真可煮，商功计利更纷纷。

王十朋的《白盐山》描述了古代四川盐业的繁盛，和人们对盐利的追求。盐作为一种商品，不但给生产者带来了大量的财富，也给经营者以巨大利润。古代的三峡食盐要销往各地市场，就涉及到运输问题，而大宗运输首选船舶。杜甫《最能行》诗："峡中丈夫绝轻死，少在公门多在水。富豪有钱驾大舸，贫穷取给行艓子。"就说明三峡地区人民的交通运输主要靠水路，很大一部分亦依靠它生存发展。而这些船舶在沟通峡江内外物资的流通方面功不可没。"风烟渺吴蜀，舟楫通盐麻。"盐麻等生产生活资料成为水上运输的大宗。

古代的三峡地区，主要的水上通道就是长江，一般这一段也被称为峡路或峡江道。以峡江道为主轴，各支流形成三峡交通的纵深，使广大的三峡腹地在这张叶脉状交通网络中，得以自由交流沟通。以云安盐的运输为例，以汤溪河为主线，水路运输延伸到汤溪各支流，由云安至洞村、水市口、南溪、江口、沙坨等地的运盐船，每天达600多艘。而这些地方，就是汤溪各支流上重要的场镇点，再由此发散出去，食盐就到了各家各户的灶头上。

除水路以外，一些陆道也成为盐业分销的重要通道。如食盐由船沿江运到今西沱镇后，起岸再翻七曜山，进入鄂西南地区。又如今巫山县城对岸的南陵山道，可达建始、恩施县，沿清江东入湖北。大宁盐即沿此途济销鄂西。抗战时期，又先后开辟了湖北香溪至谷城、大宁至湖北郧阳两线的陆上运盐通道。但总体上说，陆上通道属于水运的补充。

在三峡地区，除了水路和陆路外，还有一种介于这二者之间的交通方式——栈道和纤道。之所以这样说，是由于它们既属于陆行的交通方式，但往往又是沿江河开凿，既可连接两端的康庄大道，又可在水恶时上岸行走。

所谓的栈道，是指在峭石陡壁上凿孔楔木，上铺木板形成的通道。从历史文献看，我国早在战国时期就修建有栈道。《战国策·秦策》有"栈道千里，通于蜀汉"的记载。后来《史记》载楚、汉之争说："汉王之国，项王使卒三万人从，楚与诸侯之慕从者数万人，从杜南入蚀中。去辄烧绝栈道，以备诸侯盗兵袭之，亦示项羽无东意。"刘邦识破项羽居心，"用项羽之计，

▲ 三峡古栈道

从故道还，袭雍王章邯。邯迎击汉于陈仓，雍兵败……"这就是后来戏文说唱的"明修栈道，暗度陈仓，攻定三秦，劫取五国"的故事。

三峡地区自古交通不便，特别是峡江两岸绝壁夹江而起，壁立千尺。在一些特殊的江段，每遇洪水季节，川江航行阻塞，上下往来交通便中断。为了便于通行和运输，先人在峡江两岸留下了许多古栈道遗迹，比较有名的是孟良梯栈道、偷水孔栈道、大宁河栈道等几处。

孟良梯栈道位于瞿塘峡南岸粉壁墙一带的绝壁上，系在坚硬的绝壁上开凿出来的一排石孔，全长约 136 米。栈道现存石孔共 61 个，由下向上呈之字形排列。石孔略呈方形，间距 1 米左右。该栈道据考证是南宋抗元战争时期所开凿的通往瞿塘峡口和白帝城的一条通道。

偷水孔栈道位于白帝山南面山脚，是在白帝山上开凿出来的上下错落排列的两排石孔，全长 80 米。据记载，栈道系西晋末年益州刺史鲍陋开凿，主要是为解被敌军包围后的白帝城水荒而开凿的。

三峡栈道中最可能与盐业相关的是大宁河栈道。大宁河栈道何时开凿？何人建造？用途如何？一直是学界争讼不绝的问题，也成为让人困惑的三峡几大谜题之一。

从巫山县坐船逆大宁河而上，在有"小三峡"美誉的峡谷西岸的绝壁上，便可看见呈水平排列、6 寸见方、2 尺进深、相距 5 尺的整齐石方孔，这就是大宁河古栈道遗址。《巫溪县志》记载："从宁厂起，沿大宁河右岸南下，至巫山龙门峡口……岩壁上现存架木石孔 6800 余个。"《巫山县志》提供了更精确的数字，这些整齐的小方石孔共有 6888 个。2000 年 4 月，巫山县原旅游局龚源鼎先生，带领一些年轻人对大宁河小三峡的栈道孔进行了实地考察，逐孔逐段地数，获得了"从龙门峡口至涂家坝 50 公里长的小三峡，共有栈道孔 4288 个，占大宁河古栈道孔 6888 个的 62.3%"的准确数字。宁厂以北的大宁河尚有许多栈道孔，有学者推测，大宁河栈道孔总数当在10000个以上。

有关大宁河崖壁上栈道孔的来历，当地倒是有一个著名的传说，说鲁班爷和观音菩萨见老百姓生活艰辛，决意为他们做点事，两人打赌，一夜之间鲁班为老百姓在绝壁之上修一条路，观音为老百姓做100双绣花鞋，看谁能赢。鲁班用他的角尺在绝壁上一敲，每隔5尺便一个眼，速度很快。观音在天亮之前去偷看鲁班的进度，发现他快要完成，恐自己要输，便学鸡叫。鲁班以为天亮自己已经输了，便停手，绝壁上便余下长长一列整齐的石孔。

这样的传说或许表达的是老百姓最淳朴的观点，在那如刀削般直插入水中的悬崖绝壁之上，要建成大宁河古栈道这样艰险伟大的工程，除非是天工，由常人来完成是难以想象的。

大宁河栈道究竟是什么时候修建的？光绪《巫山县志》载："石孔，沿宁河山峡俱有。唐刘晏所凿，以引盐泉。"据此文献，大宁河古栈道似乎修建于中唐时期刘晏主持国家盐政之际。但《舆地广记·图经》说："汉永平七年，尝引此泉（指宝源山咸泉）于巫山，以铁牢盆盛之。"由此看来，大宁河古栈道修造的时间又似乎应上推至东汉永平初年。

2002年，陕西省文物保护中心受重庆市文化局三峡办的委托，调查了大宁河栈道遗址。调查组在北门村一带发现了崖墓，给破解大宁河栈道时代之谜带来了一线曙光。这处崖墓开凿于古栈道之上，其下安装建筑构件的石孔与栈孔几乎相并，但令人惊奇的是，墓葬的石孔内留有清晰的凿痕。这说明崖墓的开凿可能较晚，栈道的开凿相对要早一些。而这一带的崖墓一般都是东汉到南朝时期开凿的。北门村崖墓口部还雕刻有古朴的斗拱，具有东汉风格。这就暗示说，大宁河古栈道的实际年龄极有可能是秦汉时代开凿的。

战国到秦汉时代，秦巴山地开凿了很多栈道，是我国乃至世界上栈道最为集中的地区。大宁河栈道应当就是这些栈道系统的一部分。大宁河栈道是中国古代典型的平梁式栈道，大部分开凿于人烟稀少、峡谷幽深的险恶环境中。工程艰巨，规模浩大，因所处之地人烟稀少，很少破坏，保存完好，是我国现存最大规模的古代栈道遗址。

大宁河栈道除宁厂以下的主河道外，北上的各条支流都有类似的栈道孔。从宁厂古镇沿大宁河北上，转西溪河及主要支流东溪河，东接湖北竹溪县，北连陕西镇坪，西通城口县境，形成了上千里的庞大古栈道网，这样的规模是相当惊人的。可以推测，这片规模宏大的栈道网，为古代这一地区政治、军事、经济、文化交流起过重要作用。然而，这样大规模的栈道，是何人修建，用途如何，史书上却几乎没有记载。

一种说法是用于军事。有学者推测说，大宁河古栈道就是春秋时巴、楚、秦三国灭庸时，为运输兵马、粮草而开凿的军事栈道。又据传说，诸葛亮曾屯兵今城口一带，出兵伐魏时，便把准备好的木桩插入石孔中，铺上木板，沿着木板大道突出奇兵。诸葛亮与兄诸葛瑾书："前赵子龙退军，烧坏赤岩以北阁道。缘谷百余里，其阁梁一头入山腹，其一头立柱于水中。今水大而急，不得安柱，此其穷极，不可疆也。"说的就是赵云烧毁栈道，无法行军，"失利于箕谷"的事。也有人据《蜀碑记》所载，传说宋太祖出师平蜀，也曾走过这条栈道。

另一种说法是用于送荔枝。天宝年间，唐玄宗贵妃杨玉环爱吃荔枝。这荔枝盛产于涪陵，为了保鲜，用专船顺流而下，送至巫山，由大宁河栈道进入陕西，用驿马络绎相送，直抵长安。故杜牧有诗云："一骑红尘妃子笑，无人知是荔枝来。"

更多人认为大宁河栈道是一条盐道。2003年，三峡盐业史研究专家刘卫国、任桂园撰文，对大宁河栈道进行了详细的研究。他们指出，栈道以宁厂为界，可分为南北两段。北段栈道应当与运盐有关，南段栈道则与引卤有关。

北段栈道石孔的排列有高有低、孔距或远或近、孔径若大若小、孔眼亦浅亦深，与南段石孔的整齐划一形成了鲜明的对照。东溪河荆竹峡中西岸的陡崖上，有上中下三排各自独立的栈道孔，其孔径大的有23厘米，小的仅16厘米，中等的在20厘米左右；孔距20厘米至两米不等。这三排孔主要起分岔的作用，即栈道至此一分为三：上排西进，因该段河沟不长，故石孔位置较高，以便于上山连接西去的山路；下排就地下到河边，然后涉水过河，连接河东各条山路，直至湖北竹溪县和竹山县；中排则顺东溪河西岸继续北上，至白鹿一带与湖北竹溪县羊角洞山路连接，又沿河道在白鹿折而向西，进至陕西边境与镇平县的母猪洞和小渝河山路相连。类似的情况还有很多。说明北段栈道与各条山路实际上连成了网络，形成了四通八达的山地交通格局。这样，就可将宁厂古镇所产食盐以及其他日用生活所需物资运到后溪河以北、大宁河上游各地及周边各省、县销区，又可从这些地区贩运回当地所产物资。正如清嘉庆年间严如煜所云："山民馇粥之外，盐、布、零星杂用，不能不借资商贾。"南段栈道与北段栈道最大的区别是：石孔位置在一条直线上，犹如用水平仪测量过的一般。但从全程看，它是按一定的坡度在逐渐下降。南段栈道在宁厂古镇的起点位置海拔高度237米左右，末端的龙门峡口石孔位置的海拔高度只有140米左右，全程80公里，自然落差97米，降幅为1.21‰，所以，在小范围内看，几乎是水平的，且中途没有高低起伏，这正是占时引卤之必需。

此外，南段栈道的有些栈孔往往通过凹崖之下，且栈孔与凹崖间的高度很难容得一人直立通过，其供人行的用途便大受怀疑。有的栈道，其崖上较缓，如为行人，可以走高处陆路，完全没有必要修凿栈道，这也是令人费解的地方。学者指出，文献记载的引白鹿盐泉至巫山可能是南段栈道最好的解释，他们认为，栈孔是用于架设输卤管道的，其材质主要是竹笕。

为了解决竹笕转弯的问题，于是入门在转弯处置木盆，即文献上说的"别支"。那些栈孔密集处或多排栈孔，就是架设"别支"留下的。

秦汉时期，今巫溪、巫山同为一县，史称巫县。巫县在西汉时期即置有盐官。到了东汉初年，今巫山大昌坝和巫山县城郊等地，即在用自宁厂古镇宝源山麓引来的天然盐泉煎煮食盐，但巫山境内并无盐泉，卤水从何而来？由大宁河南段栈道将宝源山麓天然盐泉输送至巫山县，是巫山县煮盐用卤的唯一来源。从地理位置上看，巫山是巫溪盐走出宁河峡谷，运往长江流域各地的必经通道，巫山虽不产卤，但地理位置上的优势是不可取代的，加之巫溪道路的艰险，卤水自流到巫山要比从巫溪运盐出来方便、经济得多。看来"汉永平七年（公元64年），尝引此泉于巫山，以铁牢盆盛之"的文献记载是基本可信的。

■ 蒲剧名伶与潞盐

蒲剧又名南路梆子，亦称"乱弹"，是山西四大梆子中最古老的一种。因兴起于晋南的蒲州（今永济一带）而得名。著名蒲剧老艺人闫逢春就是蒲剧的代表人物之一。他在《薛刚反唐》《舍饭》《窦娥冤》等剧目中塑造的徐策、朱春登、窦天章等人物都栩栩如生，他唱腔高昂、朴实奔放，特别是独创的箭音腔可以不换气却徐疾清浊如同数腔同唱，尤其善于表现慷慨激情。帽翅功也是一绝，可以人疾走，而帽翅纹丝不动；可以人不动不摇，而官帽翅上下翻飞；可以一侧帽翅金鸡点头，而另一侧却水波不兴。被誉为"闫派"，把蒲剧艺术推到了一个更高境界。在他做古三十年后仍被人们津津乐道，山西、陕西、甘肃、青海、宁夏、内蒙古、河北、河南的戏迷们一直念念不忘，甚至为哪一出戏更好而争得面红耳赤。有一年运城县蒲剧团到西安演出，海报贴出后没有几个人去买票，这时就有人给剧团出主意，在海报上写了著名蒲剧老艺人闫逢春之子闫景平主演，戏票很快就被抢购一空。可见闫逢春的魅力有多大。那么他为什么会有这么大的吸引力？自然和他独特的唱腔、过硬的帽翅功密不可分，而他的这两样看家本领的得来与运城盐池的潞盐还有一段渊源。

运城盐池周边村里十之八九的人都会唱几嗓子，而且嗓音洪亮，口齿伶俐。每个村子都有剧团，闹社火、演社戏热闹非凡。闫逢春就出生在盐池南边的西姚村，同盐池孩子一样，从小他便喜欢舞枪弄棒，引吭高唱，8岁即正式入班学戏，小逢春非常用功，每天天不亮便跑到村外背对盐湖，脸朝禁墙踢腿弯腰练嗓子。功夫不负有心人，12岁时他就红遍运城。"小明星"闫逢春没有被胜利冲昏头脑，每天除了练功仍是练唱，几年下来，唱念做打便显名家风范。人常说"枪打出头鸟"，一些爱嫉妒的艺人就悄悄在闫逢春喝水的碗里放了耳屎，练功完后口渴难耐的逢春连看都没看一眼，照例端起碗一饮而尽，如此多次，闫逢春的嗓子沙哑了，而且怎么也恢复不了，得知真相的闫逢春因此大病一场，戏也唱不成了，干脆卷起铺盖回到西姚村。

"天无绝人之路"。一日，闫逢春

▲ 闫逢春

正在盐湖边低头闷走，一白发飘飘的老者像从天而降似的立在他的脚前，只见老者捋捋胡子拍拍他的肩膀笑着说："孩子，别灰心，潞盐水就是消炎、润嗓、解渴的天然水，你土生土长在盐池边，还怕嗓子好不了？而且你只要有毅力，能坚持喝100天潆沱的潞盐水，保证你的嗓子能恢复过来。"听了老者的话，闫逢春暗下了决心。为了不让人打搅，闫逢春在远离村子的废旧盐场选了一眼以前盐工为汲取含盐质的地下水而挖的枯井，他拿出练功时所学的本领，顺着枯井壁，用脚试探着往下挪一脚挖一个下脚的窝，经过几十天的辛苦劳动，他不仅把下井的脚道挖好，而且在井底分四个方位挖了四个侧室，一个用于练嗓，一个用于饮潞盐水，一个用于练帽翅功，一个用于休息。就这样他足不出井，在自己亲手营造的"地下宫"静心饮盐练嗓甩帽翅。经过百天苦练，他终于重返舞台，而且从此名声威震南北，尤其他的嗓音和甩帽翅功更成了他的看家本领，给蒲剧艺术留下了宝贵的艺术遗产。戏迷们每每陶醉于闫逢春的舞台艺术之后，便会拍一拍自家儿子的头，"看人家闫老师，比状元还威风，你也争气吧。"儿子也会听话地点点头，旁若无人地学着闫逢春的样子唱开了。

潆沱潞盐的清嗓利咽功效不径而走。此后，潞盐成了每位名角的新"行头"，工存才、孙广胜、赵七娃、王秀兰直到武俊英、樊小黑、景雪变、任根心……以至人说，这戏曲"梅花奖"都是潞盐水浇出来的。此外，潞盐被称为"食肴之将""百味之祖"，用潞盐腌制的北京"六必居"、陕西潼关酱菜和山西临猗县临晋镇的玉瓜，也同蒲剧一样驰名。临晋玉瓜在一九一五年的巴拿马赛会上曾获银牌奖，行销海外，在东南亚市场享有盛誉，素有"一盘玉瓜四邻香"之称。

延伸阅读

"盐巴"一词的由来

中国最早制盐的地方在哪里呢？还得从三峡地区说起。在千里峡江，人们对于盐的称呼相当奇特——"盐巴"。为什么要在"盐"字后再添个"巴"字作后缀呢？须知"巴"字在现代汉语里并不是一个独立的语汇。在古代这又意味着什么呢？这要从盐与巴人的关系说起。

三峡地区的盐哺育了巴国先民，孕育了巴国文化。我们现在已经知道，今峡江地区的古巴国，地质条件特殊，形成了一眼眼富含钠盐的山泉，这些大地的恩赐，给巴人祖先取卤制盐提供了物质基础。考古发现证明，这里是中国乃至世界最早的制盐基地之一，其年代至少可以上溯到距今4000—5000年间的新石器时代末期。先秦时期从巴地出产的盐，远销四方，以致当时的人们都知道巴地的特产就是盐，且巴地的盐质量上乘，成为市场上的一种品牌。于是，就像现代天津的"泥人张"、四川的"麻婆豆腐"一样，产自巴国的食盐在流通中也赢得了口碑——"盐巴"，以示其地位。

当然，对于巴人自身来说，他们早就有将自身的一些东西称呼为"巴"的嗜好。例如将"嘴"称为"嘴巴"，"牙"称为"下巴"，"手掌"则称为"巴掌"……现在，他们又将自己出产的"盐"称为"盐巴"，充分体现了一贯的命名作风。由此看来，"巴"不但在古代是有意义的，而且具有表达自我的意味。

在我国其他地区，盐卤资源也非常丰富，唯独三峡地区的盐卤资源得到最早开发利用，这显然是值得深入探究的。研究表明，在三峡地区，可考的最早制盐者很可能是一个叫做"巫咸国"的人们。巫咸国的得名来自于"灵山十巫"中的巫咸。学术界一般认为，巫咸是早期巴人中最早兴盛起来的一个部落。它占据的地盘，据考证，就是今天巫山县和巫溪县的全部地域。咸字在古代就代表盐，盐字是后起字。《说文》："盐，咸也。"可以设想，巫咸大概是一个制盐的巫师，得到人民的拥戴，国名也以其名而命之。巫咸国所在地区恰好有一股大的地表盐泉，这就是著名的白鹿盐泉。

其实，在古代巴人的心目中，巫咸尚不能作为盐巴的代表，光听这名字，就有一些邪气。真正能够作为巴盐形象代表的是一位被尊为"盐神"的美丽女性——文献上称作"盐水女神"！在现代土家族巫师（梯玛）的口中，盐神仍是歌颂的对象。

盐水女神居住在今湖北西南的清江流域。清江系长江冲出三峡后接纳的第一条大江。这条发源于渝鄂交界处的江水，冲破重重群山的阻隔，向东北蜿蜒曲折流经整个鄂西南地区，长达440公里。这里是巴人的故乡。商周时期，巴人祖先中重要的一支——廪君就居住在这里。那时候的清江也叫盐水，因为这条江盛产盐。翻开现今的地图，就可以发现在清江的中游北岸，有一条叫做咸池河（或称建始河）的支流注入清江。咸池河所在地区山高崖峭，远古的含盐地层时有出露，形成了弥足珍贵、可供开采利用的盐泉。如今，在咸池河流入清江的交汇处，仍有大股冒着热气的盐泉出露，已被当地开辟为温泉度假中心。然而，也许人们并不知道，在几千年前，战争和爱情曾经在这里同时上演过。

那时候，这块现在不为人知的小地方叫做"盐阳"，因为它位于盐水的北岸；那时候，有一位美丽的女人是这块地方的主人。这里是一个女性占主导地位的世界，她们率先识别出那些泉水中蕴涵着盐，并且以自己的智慧开发了它。这里的盐远销四方，声名远播。人们一边享用着盐阳精致的盐，一边怀想着这个部落年轻温柔的女首领。人们以"盐水女神"的名字称呼她，以表彰她在盐业开发中卓著的贡献。

第二章
先秦两汉至南北朝盐业与盐文化

夏商乃至之前，自然盐已经被发现和使用；商周之际，或更早的时代，在今山东地区，人工煮海水为盐也已经出现。周武王灭商纣、统一全国后，曾分封太公望（吕望）于营丘（今山东昌乐县东南），建立齐国。齐国土地"潟卤"，农业生产很不发达，百姓也很少，却开启了盐业的新篇章。可以说盐业在我国每一个封建朝代历史中的地位都是不可小觑的。

第一节　先秦时期盐的类别、生产和流通

■ 先秦盐的类别

起于豳（今陕西旬邑）、周原（今陕西岐山），建都于丰镐（今陕西长安县）的西周王朝是强大的，它有效地控制了关中平原、河北、山东和江淮地区，通过各诸侯国的朝贡，周王室得到各地的珍稀贡品，其中就包括各式各类的盐。《周礼·盐人》称："盐人掌盐之政令，以共百事之盐。""共"即供。唐人陆德明注释说："四方盐来有数种，处置不同。"《周礼·盐人》又称："祭祀，共其苦盐、散盐；宾客，共其形盐、散盐；王之膳羞，共饴盐，后及世子亦如之。"据陆德明解释，"苦盐"，或即鹽盐，其味淡，稍苦，是自然盐，产于河东盐池。"散盐"，即海盐，人工煮炼而成，味咸，当时产于山东滨海。"形盐"，也是自然盐，属于"戎盐"的一种，如虎形盐、卵盐。饴盐，味咸美，是"戎盐"中的佳品，后来有称为"君王盐""玉华盐"者。鹽盐是池盐；形盐、饴盐都属于"戎盐"，即产于西北地区的岩盐或池盐；以上均统属自然盐。只有散盐属于人工盐。君王、后妃及世子食用的是饴盐；供祭祀、宾客用鹽盐、形盐，兼用散盐。推测此时，齐、鲁等山东诸国，虽朝贡海盐，但其数量似乎很有限。

■ 盐的生产

春秋战国时期，社会生产力得到了普遍提高，而盐业发展也开始走进上古时期的新阶段，其主要表现为食盐的生产、运销更加活跃，盐资源也有了新的开发。

《史记》卷129《货殖列传》载："猗顿用盬盐起。"猗顿是春秋时鲁国人，本是个"耕则常饥，桑则常寒"的"穷士"，在理财专家陶朱公的启迪之下，迁居河东盐池附近，从事盐业和畜牧，十年之间，成为"与王者埒富"的大盐业畜牧主。

战国时期，食盐生产中发生的最重大的事件是"广都盐井"的开凿。根据《华阳国志·蜀志》和应劭《风俗通》的记载，盐史学者们推定，在公元前255年"周灭"后，秦昭王以李冰继任为"蜀守"。李冰是一位杰出的水利专家，他在开凿都江堰等举世闻名的水利工程的同时，又于公元前255—前251年之间，在今四川双流县东南的华阳镇，有目的地开凿了我国历史上第一口盐井——"广都盐井"。这口由在任蜀守李冰主持开凿的盐井，自然不能归之于某豪强富商私人所有，而当属于"官营"的性质。

盐为"食者之将"，人人仰给；"无盐则肿"，百姓不食盐则四肢乏力。因此，盐的运输和销售，历来受到重视。早在商代末年，就有出自盐贩的名人胶鬲。西周初

▲ 广都盐井遗址

年，太公望封于齐，当时齐地瘠民寡，农业生产很难迅速发展，吕望正是从"通商工之业，便鱼盐之利"入手，即从重视运输和商业、手工业出发，来推动社会生产力的全面发展。就食盐而言，主要是从解决其运输和销售，来促进食盐的生产发展。通过"便鱼盐之利"等手段，吕望终于使地瘠民寡的齐国，很快就成为国富民众的东方泱泱大国。

春秋之际，山东、辽东地区生产海盐，河东生产池盐，关陇以及西北有岩盐及池盐，而中原地区的"梁、赵、宋、卫、濮阳"却不生产盐，食盐的运输与销售，就逐渐演变为一种有利可图的商业活动。齐国的管仲除了把食盐运输到这些不产盐的诸侯国去销售以外，还曾创造性地提出"转手贸易"。他说："因人之山海假之名，有海之国，雠盐于吾国，釜十五吾受，而官出之以百。"尹知章注，"雠，籴也；受，取也"，"假令彼盐平价，釜当十钱者，吾又加五钱而取之"，"既得彼盐，则令吾国盐官出而粜之。釜以百钱也"。因此，这种转手贸易所获之利是很大的。

当时，还有一位与贩盐有关的名人百里奚。百里奚，字井伯，楚国宛（河南南阳）人，曾仕于虞国，为大夫。虞亡，百里奚作为晋国的俘虏，充作秦穆公姬的媵仆。后来，他亡命归于宛。据《说苑》称："秦穆公使贾人载盐于卫，征诸贾人，贾人买百里奚，使将车之秦。穆公观盐，见百里奚"，后成为穆公的著名丞相。晋献公灭掉虞国后，在秦穆公五年，为东周惠王二十二年（前655年）。秦国居于渭水，古代称"西戎"，其商人所运的盐，当属解池盐或产于更西、更北的那些所谓"戎盐"（岩盐）。卫国临近解池，若喜食"戎盐"，则说明"戎盐"的质量，远优于河东的池盐；至少可以说，早在春秋战国时期，中原不产盐的地区，是海盐和池盐乃至戎盐争夺的市场。

第二节　汉代盐的生产与管理

■ 汉代的生产技术

池盐是较早被发现和利用的一种食盐，河东解池的盐利由来已久。解池全凭自然产盐的状况，至迟在秦汉时期已有所改变。据史籍记载，"土人乡俗，引水（裂）沃麻，分灌川野，畦水耗竭，土自成盐，即所谓咸鹾也，而味苦，号曰盐田。盐鹽之名，始资是矣。"可见，"土人"在长期的农业生产实践中得到了启发，发明了盐田，转而专辟"盐田"，开畦引水，水干成盐以收其利。到东汉献帝建安十年，在安邑首置"司盐校尉"，正式创置"盐田"以收盐池之利。解池从全凭自然产盐到开畦引水成盐，是汉代盐业生产技术的一大进步。

汉代，四川仍采用李冰开创的凿井采卤制盐技术。这时，由于社会经济的发展，盐井开凿区域开始扩大。在巫县、临江、朐忍、汉发、南充、成都、广都、郭县、南安、牛鞞、什邡、江阳、汉安、南广、定筰、武阳、临邛、汉阳等18县，都先后开凿了盐井。

汉代的采卤方式，从汉画像砖上可以看到：在井口设一双层采卤楼架，在楼架的顶端横木上，安装一定滑轮，上系两端各有一只木桶的汲卤绳。每层楼架上站立两人面对面进行作业，当左边上下两人合力向上提升卤水时，右边上下两人则合力向下扯动绳索，将待盛卤水的空桶放入井中。由于利用绳索转动定滑轮的机械作用，四人相向协力，互相配合动作，在提起一只卤桶的同时即放入一只卤桶，交相替换，采汲卤水，提高了采卤的效率。当卤水提到顶层时，便倒入一长方形容器内，输往灶房煎盐。

从画像砖上还可以看到，汉代四川地区采用盐锅煎盐。当时的盐灶前低后高，以便火力达到灶的尾部。灶上共置5口盐锅，估计前面两口锅用于煎盐，后面3口锅用于预热卤水蒸发水分，以节约燃料。制盐燃料采用木柴，在灶前，有一人添柴拨火，以保证制盐生产的正常进行。

汉代，在凿井采卤制盐地区增加的同时，同一地区凿井数量迅速增长。如汉安县"有盐井鱼池以百数"，汉宣帝地节三年（前67年）一次即"穿临邛、蒲江盐井二十所"。在产量较大的临邛、南安、朐忍等地，还设有盐官管理。这些说明，汉代盐业生产技术在逐渐地提高。

■ 汉代的盐制

汉代时起的盐制，历经了民营、官营以及民营征税这几个阶段，尤其是盐专卖制度是在春秋时期管仲"官山海"的基础上发展而来的，促成了古代盐专卖的第二次高潮，在古代盐政中起着不容忽视的重要作用。

汉初盐业采取的这种民营政策，是继承秦制的产物。早在秦穆公以来，盐业实行民包制。穆公时，"使贾人载盐，征诸贾人"。即允许商人运销食盐，但要交税，这样的"贾人"谓之包商。秦朝和汉初也是如此。据《史记·货殖列传》记载：汉初，齐地刀间"逐鱼盐商贾之利"，"起富数千万"。

汉初民人煮盐较为广泛。在地处"勃、碣之间"的燕地，因为临

▲ 汉代的采卤画像砖

近渤海,有"鱼盐之饶",民人因而大获盐利。在齐地,因北被于海,所以人民多"鱼盐"。在颖水流域的陈地,"其民多贾","通鱼盐之货"。在包括吴、广陵、东海的东楚,"自阖闾、春申、王濞三人招致天下之喜游子弟",经营"海盐之饶"。因此,汉初民谣云:"山东食海盐,山西食盐卤,岭南、沙北固往往出盐。"在汉初政权直接统治地区实行包商制煮盐的同时,在诸侯王控制的封国则出现了官营盐业。其中最典型的是吴王刘濞。刘濞于汉高祖十二年(前195年)被封为吴王后,辖有"三郡五十三城",即今江苏、上海大部和安徽、浙江的一部分。这些地区临近东海、黄海海滨,盛产海盐。刘濞"招致天下亡命者……煮海为盐",将收入全部归于封国。刘濞在吴经营近40年,以致"国用富饶"。据考察,吴王所辖区域内汉代产盐地至少有三处:一是海盐县,即今浙江海盐县;二是盐渎县,即今苏北盐城市;三是盐官县,在今浙江海宁县西南。

盐属于人们生活的必需品，在西汉初年自由放任的政策之下，因为盐业盈利很多，引得豪富权贵争相竞取，导致公私受困。武帝元狩四年（前119年），由于政府财政困难，采纳孔仅及东郭成阳的建议，开始对盐业实行官营，就是指食盐专卖，把盐利收归国家所有。

西汉食盐专卖的原因，主要包含以下两个方面：

1. 边防经费开支过大，国家财政困难，需要筹集财政资金

汉武帝时起，因为总是对外用兵，导致人力、物力消耗巨大，每年的军需费用动辄就高达数十万，乃至数百万，国家蓄积没几年就消耗得一干二净，财政频现赤字。所以，实行食盐专卖，收取专卖的利润，也是巩固边防的一项长远计策。

2. 将商人之利收归国家，限制商人的兼并活动

西汉初年主要实行休养生息的政策，对食盐同样采取放任态度。一大批贵族、豪商趁机开始垄断食盐经营，只向官府交纳极少的税甚至不交税，由此积累了巨额财富。例如汉高祖的侄子吴王濞，仅仅通过冶铜铸钱，煮海为盐，就成了当时有名的富豪，并让其滋生了蓄谋夺取中央政权的心理。因此，实行食盐专卖，也是为了重本抑末，远离朋党、禁止淫侈以及杜绝兼并等行为，实为削弱地方割据势力的重要举措。

据《史记·平准书》记载，汉代食盐专卖的具体方案主要包括以下几点：

（1）从元狩四年（前119年）开始推行盐专卖。

（2）盐业经营的办法，"愿募民自给费，因官器作煮盐，官与牢盆"。官府一方面出钱雇佣能不包食宿的贫民，生产费用由官府提供；另一方面发给贫民主要生产工具——牢盆，按盆给值。劳动对象和主要生产工具以及生产费用都由政府供给，也就是说，政府控制了整个

生产过程。

（3）在各产盐地设立管理煮盐的官府，即"作官府"，亦称"盐官"。据《汉书·地理志》载，设置盐官的郡县有35个。盐官"掌盐之政令"，在元狩四年之后，主管盐业专卖，即掌握盐的生产和运销。

（4）盐业资源与收入由少府改归大司农管理，增加了朝廷的财政收入，能克服由少府职掌产生的种种弊病。

（5）立法很严，"敢私……煮盐者，钛左趾，没入其器物。"

（6）商贾可为吏，即"选盐铁家富为吏"，从此，"吏多贾人"。

汉代食盐专卖的具体办法，即政府控制生产和流通过程。

在盐业生产方面：国家以招募的方式，给愿意为官府煮盐的盐户提供产盐的川泽、滩田、场地、作坊、盐灶、住宅等，并通过领用盐盆——牢盆，结成一种相互依赖的关系，按盆收购，付给报酬；不准私煮私销。在这里，牢盆作为煮盐工具，既是生产手段，又是国家控制盐户、垄断盐生产的基本单位。

汉武帝时的官营盐业，一般是招募盐户进行。这些盐户，具有一定的生产手段，自己准备生活费用，即自给费。同时还要准备煮盐燃料，如草、柴火等。当时的盐户比较自由，可以应募，也可以不应募。但一经应募，就成了官户，不能随意解募。同时，还必须按盆将所煮之盐交给官府，绝不准许私煮私销。此外，在官营盐业中还有用卒践更煮盐的。《盐铁论·禁耕》曰："故盐冶之处，大傲皆依山川……郡中卒践更者，多不勘，责取庸代。"可见，卒践更者见煮盐确实辛苦，常雇佣以代。

在盐的流通，即盐的营运和销售方面：运输是官盐销售的第一步，盐的运输是征发老百姓进行的。主要是按县、道强行征调老百姓以服劳役的方式来搬运食盐。盐的转运一般采用盐车运输，十分辛苦。

盐的销售不论是整卖或零售，都归盐官控制。盐官派遣属下官吏出卖，"令吏坐市列，贩物求利"。但因零售设点很少，致使老百姓买卖不便。盐业官营的目的是获取高额利润。西汉未实行专卖时，可能价格稍低；专卖之后，"盐、铁贾（价）贵，百姓不便"。所以，宣帝时曾减盐价，曰："盐，民之食，而贾（价）咸贵，众庶重困，其减天下盐贾（价）。"

第三节　魏晋南北朝的盐生产管理

■ 魏晋南北朝主要盐产地

魏晋南北朝时期，食盐主要包括海盐、池盐、井盐以及岩盐四大种类。三国时期，对海盐的生产尤为重视，不仅在西汉海盐产地恢复盐官任职，年收食盐也成了军队和国家所有；而且在广东东莞增置司盐都尉，用来统辖南海的食盐生产。

东晋时期，海盐生产的基地设在浙东诸郡县。《吴郡缘海四县记》载："已分海滨，盐田相望，吴煮为盐，即此典之。"

南朝时，长江北岸南兖州的盐城（今属江苏）沿海一带盐亭星罗棋布，百姓从事食盐生产者甚多。据南朝时人阮昇之《南兖州记》记载："上有南兖州盐亭一百二十三所。县人以鱼盐为业，略不耕种，擅利巨海，用致饶沃。公私商运，充实四运，舳舻往来，恒以千计。"

东魏时期，在濒临渤海湾的沧、瀛、幽、青四州境内，"傍海煮盐"，共设盐灶2662，年产食盐约20.97万斛。

池盐产地，以河东解池最为著名。自曹魏至北周末年，一直是割据中原的小王朝十分关注的食盐产区，不仅设置盐官，而且常驻军队以控制盐池。产量盛时，每年盐利可折合绢30万匹。曹魏明帝（227—239年）时，甘肃亦开始生产池盐。史籍中有"河右少雨，常苦乏谷；

邈上脩武威、酒泉盐池，以收虏谷"的记载。

魏晋时期，巴蜀地区的井盐也获得了一定的发展。在东起朐忍（今云阳），西至临邛（今四川邛崃），北到汶山（今四川茂汶），南至越嶲（今四川西昌），都分布着井盐产地。据考证，主要有：临江、朐忍、汉发、南充、广城、临邛、广都、什邡、郪县、牛鞞、江阳、汉安、新乐、定筰、连然、南广、蜻蛉、晋宁、安汉、涪陵、北井、巫县、狼山、台登、卑水、梓潼等26处，比汉代又有所增长。

关于魏晋南北朝时期的井盐，在史籍中有较多的记述。刘逵《蜀都赋》注："盐池，出巴东北新井县，水出地，如涌泉，可煮以为盐。"郦道元称："水南有盐井，井在县北，故县名北井。"刘逵又注说："蜀都临邛县、江阳汉安县，皆有盐井；巴西充国县，有盐井数十。"在王隐《晋书地道记》、任豫《益州记》中还提到朐忍、汶山、越建产井盐；而《荆州记》和《水经·江水注》中记载了朐忍县的汤溪，沿溪"有盐井百二十所，巴峡一川，悉资此盐，周于煮"，是当时川东规模较大的盐场。

岩盐多产于西北，在魏晋南北朝时期多见诸记载。北魏郦道元《水经注》云："泑泽（今罗布泊）水积鄯善之东北，龙城之西南……地广千里，皆为盐而刚坚……发掘其下，有大盐方如巨枕，以次相垒。"《北史》卷97《西域·高昌传》称，高昌"出赤盐，其味甚美。复有白盐，其形如玉，高昌人取以为枕，贡之中国"。其中提到的高昌王国，是公元5—7世纪之间，由汉人在如今的新疆吐鲁番地区建立的政权，前后历经过阚、张、马以及麴四姓王朝，一共持续了将近180年。麴氏王朝（500—640年）的高昌，曾经和南朝的萧梁有过接触，并有高昌国派遣使者进贡食盐的记载。

北魏太平真君十一年（450年），太武帝大举南征，曾派遣北部尚书李孝伯为使节,赠给宋太尉、江夏王刘义恭、安北将军刘骏"盐各九种",且称:"凡此诸盐,各有所宜。白盐食盐,主上自食;黑盐治腹胀气满,末之六铢,以酒而服;胡盐治目痛;戎盐治诸疮;赤盐、驳盐、臭盐、马齿盐四种,并非食盐。"其中,白盐、黑盐、胡盐、戎盐、赤盐都可能是岩盐。

■ 盐业生产技术的革新

三国时期,巴蜀地区的井盐生产技术有很大的发展。《益州记》称:"官有两灶二十八镬,一日一夜,收盐四石,如霜雪也。"这里记载的制盐炉灶比汉代井盐画像砖中的一灶五锅有了明显的改进,为"两灶二十八镬",即一灶十四镬。制盐炉灶的改进,使产量增加,每灶一昼夜已能产盐2石,1镬平均一昼夜出盐达1斗4升多。

蜀汉时期,天然气被开始用于煮盐。西晋张华《博物志》载:"临邛火井一所,纵广五尺,深二、三丈,井在县南百里。昔时人以竹木投以取火。诸葛丞相往视之,后火转盛。执盆盖井上,煮盐得盐。入以家火即灭,迄今不复燃矣。"晋刘逵《蜀都赋》注称:"取井火还煮井水,一斛水得四、五斗盐;家火煮之,不过二、三斗。"《华阳国志》亦载:"临邛县……有布濮水,合文井江。有火井,

▲ 临邛火井遗址

夜时光焰上昭，民欲其火，先以家火投之，顷许如雷声，火焰出，通耀数十里。以竹筒盛其光藏之，可拽行终日不灭也。井有二水，取井火煮之，一斛水得五斗盐；家火煮之，得无几也。"临邛火井是我国最早也是世界上最早创建的一批天然气井之一，它说明我国早在蜀汉时期就已经使用天然气作为燃料生产食盐。同时，也说明了魏晋时期盐业生产技术的提高。

天然气的使用，大大提高了盐的产量，使一斛水从家火煮之成盐二、三斗达到成盐四、五斗，增加约一倍，有力地促进了盐业生产技术的提高。

魏晋南北朝时期的盐井，许多都是在河流附近发现和开采的。在朐忍县，《水经注》有如下的记载："左侧汤溪水注之，水源出县北六百余里上庸界，南流历之县，翼带盐井一百所，巴川资以自给。"涪陵县"二溪水涪陵县界谓之于阳溪，北流，迳巴东郡之南、浦侨县西，溪夹侧，盐井三口，相去各数十步。"北井县"（江水）又迳北井县西，东转历其县北，水南有盐井，井在县北，故县名北井，建平一郡之所资也。"临江县"枳东四百里，接朐忍。有盐官，在监、涂二溪，一郡所仰"。

大量地在河流附近开凿盐井，一方面说明河流附近有自然盐泉露头，容易发现和开采盐卤；另一方面，也说明人们对盐卤的蕴藏规律有了更多的认识，已能较为科学地选择井位，开凿盐井。

魏晋南北朝时期的盐井数量有所增长，这在一定程度上反映了凿井技术的发展水平。魏晋以后，盐井数量进一步增加，史籍记载多处产地均有盐井数十所，有的甚至上百所。《华阳国志》卷三载广都县有小井数十所。《蜀都赋》刘逵注曰："巴西充国县有盐井数十。"《水经注》卷三十三载朐忍县汤溪水"翼带盐井一百所"。可见，魏晋南北朝时期，盐井数量有了较大幅度的增加。这是这一时期井盐生产技术发展的重要表现。

魏晋南北朝时期，井盐生产方法主要通过凿井采卤，然后将卤水入锅煎煮成盐。但在个别地区，还存在一些较为特殊的生产方法。据《华阳国志·蜀志》记载，定筰县"有盐池，积薪，以齐水灌，而后焚之，成盐。"晋任预《益州记》亦载有"越嵩先烧炭，以盐水泼炭刮取盐"这种较为原始的成盐方法。

■ 三国西晋时的食盐专卖

三国鼎立五六十年，兵祸连结，食盐却实行专卖。因为军国所需实赖盐利，不搞专卖不行。其中以曹魏为先导，蜀汉、孙吴亦踵行之。晋易魏祚，仍主专卖。自从东汉税而不榷以来，食盐专卖制度在这段时间里算是再度得到推行的机会了。

曹操在汉献帝时已掌握实权，食盐专卖也早在献帝建安时就开始实行了。当时卫觊镇守关中，看到"四方大有还民，关中诸将多引为部曲"，恐"兵家遂强，一旦变动必有后忧"。这位家在河东安邑、和盐打过交道的明白人，于是向曹操的谋士荀彧写信说：

夫盐，国之大宝也。自乱来放散，宜如旧置使者监卖，以其值益市犁牛。若有归民，以供给之。勤耕积粟，以丰殖关中。远民闻之，必日夜竞还。又使司隶校尉留治关中以为之主。则诸将日削，官民日盛。此强本弱敌之利也。

曹操接受了这个建议，"始遣谒者仆射监盐官，司隶校尉治弘农，关中服从"。在盐官之上设使督之，这是恢复食盐的专卖。盐利的收入用于安集流民、振兴农业，且有抑制军阀豪强势力之意，与东汉时盐税归统治者私用是不同的。后来平蜀有功的邓艾更向司马懿建议：

留陇右兵二万人，蜀兵二万人，煮盐兴冶，为军国要用……然后发使告以利害，吴必归化。

食盐专卖（官煮官卖）又进一步与平吴之策联系起来了。魏明帝时，凉州刺史徐邈修武威酒泉盐池，卖盐收谷供给州内军费支出。可见食盐专卖也推行于边郡。曹魏政权所实行的食盐专卖，积极意义还是比较大的。

蜀汉盛产井盐。刘备既定益州，即"置盐府校尉，较盐铁之利"。首任校尉（又称司盐校尉）王连，管理盐井，专卖食盐，"利人甚多，有裨国用"。校尉的官属称"典曹都尉"，吕乂、杜祺、刘干等都曾当过这个职务，并为王连所提拔。由于盐官"简取良才"，蜀中的食盐专卖也是搞得比较好的。越嶲郡也擅盐铁之利，张嶷为太守，在少数民族地区出盐之处设置官员，除当地自用外，所产之盐也补充了蜀汉政权实行食盐专卖的货源。

东吴有丰富的海盐资源，孙氏也同魏蜀一样实行食盐专卖。在今浙江海盐、江苏常熟、广东东莞等地有孙吴所设的管理食盐产销的机构，盐官也称司盐校尉、司盐都尉。

三国盐法大抵如此，都趋重于实行专卖。盐官设置，魏蜀吴的制度是相仿的。

西晋统一后，循曹魏旧制，继续实行食盐专卖。《晋令》曰："凡民不得私煮盐，犯者四岁刑，主吏二岁刑。"

这就是食盐专卖的明证。据《晋书》所记，当时杜预为度支尚书，管财政，"乃较盐运，内以利国，外以救边"，"朝廷以预明于筹略，凡所条奏皆采纳焉"。食盐专卖制度的规划整理出自杜氏之手。自泰始初迄永兴末四十年间，专卖制度无所变更。连三国之时，食盐专卖一共又实行了一百多年。

■ 东晋南朝的食盐征税制

永嘉南渡，东晋统治主强调"盐者，国之重利"，仍欲依西晋之旧，维护食盐专卖的原则，故而有禁占川泽的法令。但贵族豪门"不遵王宪"，封略山湖、侵占川泽者到处都有，连打鱼采薪也要"保为家利"，加以垄断，更何况川泽之利中的最大者——煮盐卖盐。所以食盐由官府专卖只是一厢情愿，无形中已经废弛，实际上是退而征税而已。

东晋以后，南方历宋齐梁陈四朝政权——是为南朝。境内盐产区丰富，东南有海盐，益州有井盐，又有岩盐。但自刘宋时起，面对势力日大的豪族，统治者索性不禁川泽，承认大川泽主存在的合法性，而分享其余利。食盐专卖也就正式取消而改为征税制，一般地收些税。宋、齐、梁三朝都是听任私人煮盐销盐，占去盐利的大部分。经营自由，税又不重，私营盐业商人就十分活跃。如盐城有盐亭一百二十三所，"县人以鱼盐为业，略不耕种，擅利巨海，用致饶沃。"官府自己也有一些盐亭，再加上向私营盐亭所收实物税，部分食盐就由官府掌握，所以来运盐的船只，既有私船，又有官船。不过食盐的商品量，主要还是由私人掌握。在益州，盐大都也由私营，主要也操纵在障固自然资源的官僚贵族的手中。食盐的产量大，销路广，获利多，在官家孱弱、私门强大的情况下，只能坐视利归于下而不能作为重要财政收入来支配了。

▲ 古代盐井

梁末侯景之乱后，腐朽的豪门士族受到了一次扫荡，过去障固山泽的大盐铁主死了不少。这时，继起的陈朝国土缩小，内乱未平，财政非常困难。就在阻力减少和亏空增大的情况下，虞荔、孔奂等在陈文帝天嘉二年（561年），"以国用不足奏立煮海盐赋及榷酤之科"。陈朝政府同意这个建议，决定征收海盐税，控制食盐的买卖。这种税数额很大，不同于先前一般的收税，而是属于专卖税的性质。也就是说陈朝开始把海盐收归政府专卖了，当时是和酒类专卖相提并论，一起订立条例的。整个南朝言盐利事就只此一件。实行海盐专卖的陈朝只二十几年就为隋所灭。在南朝的一百六十几年中，实行专卖的历史很短，基本上还是实行了征税制。

■ 北朝的食盐专卖和反专卖的斗争

与南朝的盐利长时期内主要地落入私人之手有所不同，在许多时间北方食盐的生产和销售倒是主要由官府掌握。当然，官私之间有争夺，政策是有变化的。

早在十六国时，南燕的慕容德"军无私掠"，而搞盐铁官营："立冶于商山，置盐官于乌常泽"，"以广军国之用"。拓跋氏统一北方后，盐池是设官掌管，但由于豪强的反对，在北魏时期食盐的政策经历了五收五放的反复过程。

北魏前期对河东盐收归官管的时间是较早的。所谓"旧立官司，以收税利"，就是制盐由民（盐户），官收其税，销盐由官，或由商销而税之，税很重（专卖税），盐利大部分入官，商民不能逃税自销。生产是经特许的，官府设有禁私的法令。这应属专卖的性质，而非仿南朝实行征税制。一般的征税制，即无所谓盐禁之说。献文帝皇兴四年，"弛山泽之禁"，盐禁遂开。河东盐听民制民销，只稍微收些税

▲ 古盐道遗址

（这才是征税制，但并非废除盐税）。但盐利为豪强占断，政府吃亏，贫民受害。第一次放的结果不好。孝文帝延兴末，"复立监司，量其贵贱，节其赋入，于是公私兼利。"其做法是由主司裁察，按收入多少，实行差额的累进税，"强弱相兼，务令得所"，豪者富者交的税多，盐利主要可收之于公。这是第二次的收（并非此时始设官司，征收税利，延兴以前，无有盐法）。二十三年后（孝文帝太和二十年），又"开盐池之禁与民共之"，这是第二次放（改为一般地征税）。宣武帝（景明四年），"诏还收盐利以入官"。三年后又诏罢盐池禁。史载世宗（宣武帝）"政存宽减，复罢其禁，与百姓共之。其国用所需，别为条例，取足而已"，指的就是这第三次的收了又放（另立条例，一般地收点税，取足而已，并非完全免税）。在这次收放过程中，统治集团内部曾对盐池的禁与不禁展开激烈的争论。据《魏书·甄琛传》记，御史中尉甄琛乞求罢禁，请依周礼置川衡之法，使之监导而已。其理由无非是王者勿吝，藏富于民，蓄意迁就豪强的那一套。尚书邢峦等以为甄琛之言迂阔，不切实际，力加反对，请依"前式"，"依常禁为允"，使"丰无过溢，俭不致敝"，"取货山川，轻在民之贡"；同时也指出"典史多怠，出入之间，事不如法，遂令细民怨嗟，商贩轻议"，兴复盐禁以来之弊也须改进。结果还是依了甄琛之计（所谓周礼川衡之法，是薄征其税，并非无税）。盐禁一开，就为"绕池之民尉保光擅自固护，语其障禁，倍于官司。取与自由，贵贱任口"。史称"豪贵之家复乘势占夺近池之民，又辄障吝。强弱相陵闻于远近"，这样的事是很多的。"严为禁豪强之制"，只是空话一句。又过了十二年，孝明帝神龟初，太师高阳王元雍、太傅清河王元怿等提议，重新实行食盐专卖，认为"依先朝之诏，禁之为便"，以免"豪贵封护"，"近者吝守，卑贱远来，超然绝望"，好处都为豪强得去。"于是复置监官，以监检焉。"可是这也未能坚持很久。所置盐官未几又告撤销，第四次收了又放。孝明帝孝昌中，"朝议以国用不足，乃置盐池都将，秩比上郡"。这是第五次的收了。可是未能稳定下来，时间仅过一年又有诏废盐池税，只是为据河东的长孙稚所拒绝，才依常收税以给军需。但节闵帝（前废帝）一即位（531年，次年改为后废帝永熙元年），就马上下令废除盐禁和税盐之官。这第五次的放也是北魏最后一次放，真是"更罢更立，以至于永熙"，北魏至此也就结束统治了。食盐政策变化如此之多，表明了政府与豪强在盐利问题上矛盾斗争的频繁。资源丰饶的河东盐其盐利一年之中足顶冀、定二州常调之绢（孝昌时河东盐利年收税准绢二十万匹），双方怎么不为之全力争夺呢？在财政困难时对统治者关系非同小可。所以官方放了一阵子（六七年、二年、十二年）就收回来，但因豪强反对又不得不再放下去。总的说来，自孝文帝时算起至北魏之亡，专卖时间与私营时间各半；连同北魏前期一起计算，那就是官营的时间较长了。

北魏之后，东西魏争夺河东盐池。西魏据河东时，仍由盐池都将统管河东盐利。

海盐如何管理，北魏时无史料可稽，可能情况与河东盐相仿。据《魏书·食货志》所记，东魏"迁邺后，于沧、瀛、幽、青四州之境，傍海煮盐：沧州置灶一千四百八十四，瀛州置灶四百五十二，幽州置灶一百八十，青州置灶五百四十六；又于邯郸置灶四。计岁合收盐二十万九千七百零八斛四斗。军用所资，得以周赡矣。"财政收入的主要来源要靠四州的盐利。这四州是由官府设置的灶户煮盐（官煮），完全禁断民灶。比西汉时犹为民制的食盐专卖又进了一步（可称为"全部专卖"，与河东盐的专卖形式不同。并非此为专卖彼是征税）。东魏末孝静帝武定时崔暹建议海、沂也由官煮盐，有利军国；崔昂认为"官煮须断人灶，官力虽多，不及人广，请准关市，薄为灶税，私馆官给，彼此有宜"。可知沧、瀛、幽、青四州（今辽宁、河北、山东盐区）确为官煮（非民制官收），四州之外则为民煮，只是稍征收点税而已（征税制）。东魏以后，北齐在一段时间内仍循旧例（四州官煮，其余征税），到齐后主武平六年，四州以外其他地方的盐改用征收较重的专卖税的方式（武平以前盐只是准一般的关市之例收税；武平六年"税关市舟车山泽盐铁店肆轻重各有差"，这个盐税是加重了的专卖税），不久北齐也就亡了。

北周食盐主要由官府掌握。"凡盬盐、形盐（池、井盐），每地为之禁，百姓取之皆税焉"。在盐禁下的"税"不是一般的税，而是专卖税，食盐是实行民制官销或在重税下商销的专卖制。这种制度一直沿袭到隋初实行食盐无税制之时为止。

总之，北朝各个政权对食盐的控制严于南方，这是北方的豪强势力不如南方之大所致。但豪强势力仍然不小，所以专卖制度只能间断地、不顺利地推行，与汉武帝时专卖政策作为摧抑豪强的一个措施来有力地实行，气象很不相同。虽然如此，实行专卖，盐利主要入官，以资军国之用，比之不实行专卖时"富强专擅其用、贫弱者不得资益"，而国用有缺的情况要好得多。所以北方的食盐专卖是强于南方的食盐征税的。

历先秦两汉至魏晋南北朝，盐法由萌芽而至发展，食盐专卖制始告建立，但并不稳固，食盐征税制仍不时回潮，两种制度此消彼长起伏不定，两头征税，中间专卖，专卖还未占绝对优势。而且专卖制是属于全部专卖、直接专卖，采取民制（或官制）、官收、官运、官卖（或商人分销）的形式，表现出它们的共同性，而前后并没有更多的特点，直到中唐刘晏创行就场专卖，食盐专卖才进入下一个新的历史阶段。我们之所以把前面这一大段时间连在一起进行考察，原因就在于此。治盐政史者称之为"赋税专卖循环时期"是合适的，唯这段时期不应把隋唐包括在内。

 **延伸阅读**

羊角尖底陶杯之谜

上世纪50年代末在三峡地区甘井沟口发现羊角尖底杯后，有学者就推测这是一种造盐的器具，有人还进而推测，之所以制作尖底陶器，目的是利于将其插在江边沙滩地上，经日晒盐卤获取食盐。此类器皿不是日常生活用具，是否为盐具，是晒还是煎另作别论。

这样的器皿及特殊的堆积现象，与国外古代一些制盐遗址的堆积和器类极其相似。在忠县中坝遗址发现这样一些规律性的现象：

从第56层开始出现羊角尖底陶杯，直至第51层，总量占陶器的5%。

第 50 层增至 23%，第 49b 层激增至 75% 以上。羊角尖底杯的衰退极其迅速，第 49a 层时锐减至 7%，取而代之的是此前仅占 5% 左右的大口短身尖底杯，第 49a—48 层，短身尖底杯比例升至 25%。

在尖底杯衰退的同时，厚胎花边口圆底罐逐渐增多起来。到 49a—35b 层时，大小不甚匀称的花边口圆底罐成为主流，比例占 50%—80% 以上。到 35a 层以后，此类器又迅速被一种容量均等的束颈花边圆底罐取代，后者比例激增至 80%—90%。

到第 21 层左右，花边口圆底罐陆续被容量大小相差无几的平口圆底罐取代。通过对一个小范围内出土的近 200 个完整的圆底罐、尖底杯容积的检测，可知圆底罐容积在 500 毫升左右，但随时间变化而略有改变。

另一个值得注意的现象是，同时段的陶罐容积非常接近。推测这些陶罐可能用于一种规范的生产活动，同时发挥着量器的作用。数量如此之多，造型又如此雷同的器皿，让考古学家惊叹，也让考古学界惊叹。

于是又有学者由这些陶器想到了盐，它们最有可能是古代制盐的器具。让考古学家满意的是，在中坝遗址附近曾有过丰富的盐卤资源。文献记载甘井沟一带在历史上是重要的盐卤产区，至今在甘井河沿线仍分布相当数量的盐井。

于是有人做了一个试验，在尖底杯盛满比例不足 10% 的食用盐溶液，放在炭火里面煎煮，不足 40 分钟这里面的水就全部蒸发了，剩下的是白花花的盐晶。这尖底杯，还真有可能就是古代煎盐的器具。

中坝和甘井沟的发现，证明峡江地区在 3000 多年前已经开始了盐业生产，人们是用尖底杯之类的陶器煮卤制盐。在四川盆地，除了那些位于盐卤产地附近的典型陶器制盐遗址外，还有许多普通遗址也出土了一些尖底杯和小颈陶罐。

出土尖底杯的普通遗址，有万州中坝子、涪陵区镇安、成都十二桥、指挥街、金沙村、新都水观音、彭县青龙村、雅安市沙溪、阆中县坪上。

出土小颈陶罐的遗址更多，有江津王爷庙、巴县干溪沟、忠县老鸦冲、万州麻柳沱、云阳太公沱、明月坝、东洋子、李家坝,巫山双堰塘、刘家坝、韩家坝等遗址。

这些普通遗址的尖底杯和小颈陶罐,其功能是否与那些制盐遗址相同?如果它们是盛盐的容器,它们是否来自峡江的那些制盐遗址?

这个问题的最后解决,可能有助于认识某些陶器制盐遗址盐产品的销售网络和覆盖范围。

第三章
隋唐五代时期的盐业与盐文化

　　自公元581年隋朝创建伊始,截止到公元960年北宋政权成立,属于中国历史上精彩纷呈的隋唐五代时期。此外,隋唐时期可谓是中国封建社会继秦汉后,再次掀起高潮的重要时期。盐业的生产在这一时期获得了较大发展。

第一节　隋唐五代盐生产

■ 隋唐盐业发展概况

　　隋王朝结束了中国长时间分裂割据的局面，再次统一全国，这为全国商品流通，经济的高速发展提供了十分有利的条件。登上皇位的隋文帝在实行政治改革的同时，也对经济进行了许多重大改革。其主要改革措施包括：一是大力开发江南地区的经济；二是将均田制推广到全国各地。

　　唐朝建立后，历经了隋朝末年的频繁战乱，人口流窜严重，土地到处荒芜，社会经济几乎一蹶不振。据史料记载，武德年间的户口还不到300万户，黄河下游地区，呈现出一片凋敝的景象，千里之地看不到任何人烟。唐王朝为了使农业生产尽快恢复，以便增加政府的财政收入，诏令全国让流民返回原居住地，继续推行均田制，并在均田制的基础之上，实行租庸调制度。唐太宗经常以隋亡为鉴，励精图治，尤其是重视恢复及发展农业生产。经过唐初到玄宗开元年间前后大约120年的努力，才使得农业生产得到恢复与发展，经济呈现稳步上升状态，人口也开始逐年增加。

　　隋唐之际，商业的日趋繁荣以及农业、手工业和工商业的发达，进而推动了盐业不断向前发展。据《新唐书》记载，唐代生产食盐的县衙共105个，主要分布在以江淮为主体的海盐产区与以河东两池为代表的池盐产区以及以两川为重心的井盐产区。

到了唐代，海盐生产力度加大，最终超过池盐生产，进而在我国盐业生产中占据主要地位。在南起岭表，北到幽州的沿海五道都保留海盐出产的迹象，而以江南道的"两浙盐"以及淮南道、河南道的"两淮盐"享负盛名。

当时的两浙盐区可谓是唐代举国上下最重要的食盐产区，其中主要有湖州、越州和杭州三大转运场以及嘉兴、新亭、兰亭、临平和永嘉五监。在五监中，以浙西的嘉兴监与临平监的生产规模最为壮大，平均年产盐都在45万担左右。

两淮盐区位于黄海之滨，海盐资源也是相当丰富：淮南盐主要出产于扬州的海陵监与楚州的盐城监；淮北盐则分布在河南道的淮北地区。其中，海陵监属于唐代时期最大的海盐监，平均年产盐高达60万担；盐城监每年也能生产45万担盐，属于唐代时期主要盐产场之一。除此之外，在唐代疆域南端的岭南道以及北端的河北道，也有海盐生产的出现。这说明海盐已经构成唐朝时期最重要的食盐来源。

唐代池盐的生产虽然没有海盐的产量高，但是依然是唐代盐业的重要组成部分。唐代盐池至少有25处，集中在河东、关内以及陇右三道，而又以河东道河中府的两池最负盛名。

两池都位于今运城盆地以南方向，即中条山北麓的解池与安邑池。一在解县东边，一在安邑县南边；二池水域相通，实质上融为一池，一般通称为"解池"或"河东盐池"。河东盐池属于唐代时期我国最大的内陆盐湖，不管在产量还是质量上都称得上是当时池盐的代表，年产量大约在80万担左右。

唐代的井盐生产也是盐业的重要组成部分之一。唐代时期，盐井

▲ 唐代盐井遗址

主要位于我国的西南部，以剑南道东川与剑南道西川居多。在山南道和黔中道也分散了不少盐井，根据《新唐书》记载，大概有盐井640口。唐代曾专门设置剑南东川院、剑南西川院以及山南西院三大巡院和大昌盐监、富都盐监、云安盐监、渔阳盐监等"峡内五监"用来管理西南地区的井盐产销事务。

唐代时期的盐业生产技术与前代相比，已经取得了相当大的进步。在某些方面，例如垦畦营种法的成熟与凿井采卤法的发展等，都对盐业生产技术的发展带来极为深远的影响，大大地促进了隋唐五代时期盐业的发展。

唐代食盐产量也有所增长。在唐代食盐产量中，海盐产量居三大盐类之首，池盐退居第二，井盐产量较低。唐代海盐产量以大历末年为最高，据估计，约为年产600万担。池盐年产约100万担，井盐年产数十万担。

唐代盐税收入也有很大的增长，特别是实行食盐专卖以后，至大历（766—779年）末年，食盐税利收入达600万缗，占全国赋税总收入的一半；以后，尽管有所降低，但食盐税利始终维持在一种较高的水平，在国民经济中居于举足轻重的地位。

■ 盐业生产工艺

唐代盐业生产技术主要包括海盐生产技术、池盐生产技术以及井盐生产技术。

唐代海盐生产处于煮制阶段，主要有取卤、试卤和煎煮等工序。在取卤方法之中，又因地区的不同而有所差异。

在淮南一带距海略远的地方，取卤又分为刮壤、聚溜、沥卤三道工序。刮壤又称为"刺土"，即刮取海滨咸土。方法是在天气清爽之时，用人力或牛力牵引刺刀，把海滨之地富含盐分的泥土刮松。聚溜即是把刮松了的咸土堆积在铺垫好的茅草之上，使之成为有规距的土墩（或曰"土溜"）。沥卤是用海水浇灌土溜，使其中的盐分分解出来，卤水经茅席过滤后流入挖于溜侧的卤井。

岭南滨海地区的取卤方法为："将人力收聚成池沙，掘地为坑，坑口稀布竹木，铺蓬簟于其上，堆沙，潮来投沙，成卤淋在坑内，伺候潮退，以火炬照之，气冲火灭，则取卤汁。"这种方法利用海洋潮汐淋卤，不但节省劳动力，而且因为海水本身含盐可以增加卤水的浓度。

取得卤水之后，要经过"试卤"来辨别卤水的浓淡。一般的方法是："取石莲十枚，尝其厚薄，全浮者全收盐，半浮者半收盐，三莲以下浮者，则卤未堪，须另刺开而别聚溜。"有的地方方法又略有区别，"江淮试卤浓淡，即置饭粒于卤中，粒浮者，即是纯卤也。"通过试卤来测定所取卤水的浓度，确定是否开煎。

煎煮是唐代海盐生产的最后一道也是最重要的一道工序。卤水制好并经测定可以开煎后，"始贮于卤漕，载入灶屋……旋以石灰封盘角，散皂角于盘内，起火煮卤。一溜之卤，分三盆至五盆，每盆成盐

▲ 古代海盐生产复原图

三石至五石。既成，入户疾着水屉上盘，冒热收取，稍迟则不及。收讫，接续添卤，一昼夜可成五盘，往火而别户继之。"由此可见，当时煎盐采用了一种叫做"盘"的器具，实际上这是一种煎盐的锅，通常用铁制做，"广袤数丈"；同时，煎盐时还要放入皂角，以促进盐水的饱和，加速食盐的结晶过程；煎制海盐的燃料则主要来自于芦苇草荡。

唐代以前，池盐基本上都是天然产品，无须人工制取，靠风吹日晒自成颗粒。南北朝时，人工制取池盐已见雏形。唐代，池盐生产技术有了突破性的飞跃，盐工们采用并完善了垦畦营种法，改变了池盐"天然即成"的原始方法。

垦畦营种法属于池盐晒制的主要方法之一。由于盐池畦渠"若稼若圃"，盐工劳作于其中好似在耕种，所以又叫作"种盐"。这种方法指在盐池边开垦盐田，营造水畦，然后将盐池内的天然咸水灌入畦内，利用自然气候吹晒蒸发水分，提取食盐。其工序包括建畦、引卤以及蒸晒等。

建畦就是在盐田中挖沟作畦。盐田的形状有如平田，亦有如梯田。畦田"五夫为塍，塍有渠；十井为沟，沟有路，臬之为畦，酾之为门。渍以浑流，灌以殊源。"塍即田中畦埂，酾即过滤、分流。在盐场中，有纵横交错的田畦，畦与畦之间是积聚咸卤的坑渠，九畦构成一个"井"

形，十井又有引灌咸水的大沟，沟有排水的流路，在灌卤导流时以闸门来控制。

引卤即将盐池咸水导入畦内。蒸晒则是使导入畦内的咸水在烈日曝晒下蒸发水分，不断增加浓度，而结晶成盐。在池盐的晒制中，由于卤水中富含硫酸钠，因此成盐还需要一种特殊的条件，那就是需要依赖于季候风的吹拂。据记载，在当时池盐的晒制中，"必俟南风起，此盐遂熟，风一夜起，水一夜结成盐。"其原因是由于畦内卤水已经蒸晒达到饱和浓度，在南风吹拂下，氯化钠遇热结晶，生成盐粒；反之，如遇北风的吹拂，卤水中的硫酸钠便会遇冷结晶，化出芒硝，使氯化钠无法结晶成盐。

在池盐的晒制中，河东盐池还有一独特的条件，那就是池中天生的硝板。硝板即白钠镁矾，它在池中平铺如毯，因解池池水中有大量芒硝与硫苦，所以这种硝板不断生长。由于这种硝板的存在，不仅省去了池盐晒制中修建池底的过程，节约了时间和费用；而且还促进了盐的生成和质量的提高。

硝板在盐的晒制过程中具有三大作用：一是分解作用。硝板的分解使卤水增加了新的成分，在水分蒸发的过程中芒硝与硫苦结成复盐，带走了有害于盐质的苦涩，使盐质提高。二是吸热作用。硝板白昼吸收大量太阳热能，夜间又放出热量，从而起到保持晒盐所需温度的作用。三是晶析作用。在硝板上晒盐，能促进盐的结晶。

在上述条件下生成的池盐，质量较高，是一种颗粒较大的白色晶体。被称为畦盐。

唐代井盐生产技术也取得相当大的发展，主要有凿井、汲卤以及煎制等工序。

唐代，凿井技术已经具备了很大的提高，一批数十丈深盐井的开凿，使得盐井开凿技术发展到较高水平。陵州盐井在开凿时"直下五百七十尺，透两重大石，方及咸泉"，"其井上土下石，石之上凡二十余丈，以梗楠木四面锁叠，用障其土，土下即盐脉，自石而出"。可见，陵州盐井自井口至20余丈深为容易垮塌的泥岩，故采用梗楠木四面锁叠的办法来加固井壁，以保证盐井的安全和卤水生产的正常进行。这种有效的固井方法，是唐代井盐凿井技术发展的标志。

第二节　隋唐五代的盐业与盐文化

隋朝（581—618年）和唐朝（618—907年）共历326年。随着国家重新统一，唐王朝国势日强，曾达到鼎盛的阶段；但尔后行政开支已形困绌，继又出现藩镇割据的局面（安史之乱后），国势转衰，财政状况越来越不佳。在这样的政治经济形势下，封建政府对食盐的政策也由无税走向征税，最后实行了专卖。专卖的情况是先好后坏，在制度上、形式上较之过去却有新的发展。

■ 隋代的食盐无税政策

杨坚代周，建立隋朝的初年，尚依北周之制："盐池盐井皆禁百姓采用"，食盐由政府专卖。但据《隋书·食货志》所记，到开皇三年，即继开放山泽之禁后，并宣告罢除盐禁，取消盐税。"通盐池盐井，与百姓共之，远近大悦"（海盐也无专税，由盐户以盐作租调上缴，故只提池井，未提海盐）。盐业自由经营，只在销售上和其他商品一起上点"市税"，制盐不纳课，这在过去历史上是没有过的（过去制盐要收山泽税，北魏甄琛之议也非免税，见前述）。说的是便于"平民百姓"的使用，其实是更利于大商人的牟利。与此同时，隋文帝还"罢酒坊"，任民酿酤。政策大大放宽，所以得到远近各地的颂扬。

隋初，国家富裕，统治者（文帝前期）还比较俭约，天下统一，税户增加，光靠租调已能应付财政上的支出而有余。免除盐税有此可能。中国历史上食盐的无税无管时期就从隋代开始。对于隋代的食盐无税政策，治盐政史者（如左树珍）曾有所评论：

废除盐税，虽属善政，究非中道。盖盐之为产，取于海、晒于池、汲于井、采于矿、刮于硷，皆可成盐。易成，故利厚；利召争，争召盗。若听民自取，官不设禁，则豪猾奸商便于垄断。此其不可废者一也。矧国家经费皆取于民。盐税一项在间接税中最为公平普及。每人日食盐量不过四钱上下。天下无不食盐之人，即无不纳税之人，其需费甚微，其负担不巨深。税法简易，而国家之岁入亦丰。若免除盐税，开放禁例，则必别筹税源，为民生之累。此其不可废者又一也。

对于隋代放弃盐业管理，治盐业史者（如田秋野）亦不以为然：

盐为民生物质，非普通商品可比。如听任商民自由产制，漫无限制，过多则壅积，过少则匮乏，均非所宜。所产之盐，其品质如无标准，则可粗制滥造，影响人民健康；盐在运输途中，商贩往往见利忘义，不惜于食盐中掺杂泥沙，妨碍民食。甚至盐业为豪商大贾所把持，各为其本身利益着想，居奇垄断，无所不至，政府如无控制之力，贻害将极严重。是知盐业固有其特性，必须加以适当之管理，始足保持调节供求之功能，以达成安定民生之目的。

正因为食盐之无税无管局限性不小，所以其能出台的机会就不很多，只在隋和唐前期的不太长的时间里行之，就中国古代来说，在盐法史上无税制并不占重要的位置。

■ 从唐初的免税到开元时的征税

唐朝和隋朝一样，不推行盐的专卖，也不收专门的盐税。自从高祖武德初年（618年），经高宗武皇之后，一直到玄宗开元九年（721年）

之前，这长达一个多世纪制度都没有变化。河东与关内池盐尽管曾设盐使管理，也不过是为了供给京师官司或边军用盐；有时一些地方（例如剑南道最大的陵井），虽然偶尔征收一些税，兵器税额前后有增，但都属于地方税性质，地方政府靠着盐利自给自足，并非中央统一的政策，盐户与编户没什么区别，都统一归州县管辖。总而言之，"无税"的说法大致成立。

唐代时期一个名叫崔敖的人为河东盐池灵庆公神祠作颂时说道："皇家不赋，百三十载，（玄）宗御国……遂收盐铁之算。"其中的"皇家"二字并不是单指隋唐的统治者，而是泛指朝廷。自从隋文帝开皇三年（583年）到唐玄宗开元九年（721年），这段时间刚好是139年，按照朝廷或中央政府指定的统一制度，的确没有征收盐税一说，所谓"盐池盐井与百姓共之"，不仅仅是指百姓采煮食盐而已。

开元初河中尹姜师度以安邑盐池渐涸，大发兵卒，疏通水道，开拓荒废，置为盐屯，公私均受其利。这件事很给人以启发。就在开元九年（此系岑仲勉考证，他书作元年或六年），左拾遗刘彤表请实行盐铁专卖："榷天下盐铁利，纳之官"，"官收兴利，贸迁于人"。其"取山海厚利，夺丰余之人，蠲穷独之徭，损有余而益不足"的思想同西汉时桑弘羊一脉相传，是经济干预论的重新抬头，是对唐开国以来一个世纪经济政策的大胆否定。玄宗令宰臣议可否，虽也被承认甚益国用，但触犯了在盐铁私营中的既得利益集团，在众口反对声中事不克行。只是为了增加一些财政收入，采取折中办法，开始征收盐课，不再免税。史载开元十年，唐政府有敕："诸州所造盐铁，令有官课。比令使人勾当，除此一无别求，在外不细委知。如闻称有侵克，宜令本州刺史上佐一人检校，依令式收税。如有落账欺没，仍委按察纠觉奏闻。"盐课依式收纳，由中央统一规定的征税制由此复兴。但开元十年以后，

▲ 唐代钱币

食盐征税具体还是由地方来办,中央并不另行设官。

官府是怎么通过征税或其他方法来掌握盐利的呢?据《通典》记开元二十五年"课收盐池盐屯盐井利各有差"一节,可知有这几种情况:一是河东池盐交私人经营收取租税(盐)。"蒲州盐池,令州司监当租,分与有力之家营种之。课收盐,每年上中下三畦,通融收一万石。仍差官人检校。"所得盐以供京师。(据《水经注》北魏时盐池周围已有畦地,引水入畦,待水分挥发,结晶成盐,但味尚带苦)。二是依屯田办法立盐屯,照营田法管理,按定额上缴食盐。"幽州盐屯,每屯配丁五十人,一年收率满二千八百石,以上准营田第二等,二千四百石以上准第三等,二千石以上准第四等;大同横野军盐屯配丁五十人,每屯一年收率千五百石以上准第二等,千二百石以上准第三等,九百石以上准第四等。"三是蜀中剑南的井盐皆按井随月督课。"陵、绵、资、泸、荣、梓、遂、阆、普、果十州,盐井总九十所,每年课盐都当钱八千五十八贯,若闰月共计加一月课,随月征纳,其银两别常以二百价为估,其课,依都数纳官,欠即均征灶户。"四是负海诸州,一律"免租为盐"(即以盐作租),岁征盐二万斛以输京师,谓之本色;青、楚、海、沧、棣、杭、苏等州,"以盐价市轻货(绢帛之类)",输司农谓之折色。五是西北盐州、灵州、会州三州的盐池,"皆输米以代盐",就地收贮,以充边镇军储。

上列的盐税都在生产环节交纳,除交实物(盐)外,也有折交钱、银或粮食的,做法不一,法令疏阔,但总算盐法已由无税转变到有税了。

■ 第五琦的食盐专卖

食盐的专卖,是在安史之乱后财政极度困难的情况下恢复实行的。最先行于地方。颜真卿抗击安史叛军,在河北首以食盐专卖方式筹措军饷:"收景城(景城即今沧州盐山县)盐,使诸郡相输,用度遂不乏。"

接着唐中央政府推广于其所能控制的全部地区内,特设直属中央的盐铁使主管此事。当时首任盐铁使的是师颜真卿之意的第五琦。他所立的盐法是就山海井灶,由特许的盐户("旧业户并浮人愿业盐者")煮盐,称"亭户"(盐民停集之地称盐亭,籍隶亭户,即可免杂徭)。其他人等制盐,即以盗煮判罪。盐户隶于盐铁使,盐铁使在盐产地设置一套机构——盐院、人员——盐吏,统一收购盐户所产之盐(每斗十文钱),加价十倍出粜(一斗盐由十文加为一百十文),严禁私自贩运。这是民制官收官运官销的直接专卖制,与管仲汉武帝的食盐专卖属同一类型,这种专卖本来有它的缺点,第五琦广设机构、多置人员,骚扰州县,更使问题成堆。第五琦的办法是官自卖盐,这就给百姓带来很多不便:盐官见食盐一时卖不掉,即硬性摊派到现住的各户头上(战后,流散之人多,无法如管仲那样严密地按户籍配盐,只能由未流亡之人户分摊);下乡人员领盐,农户居住分散,供应很难周遍,再加官差不比商人,只收现钱或绢帛,不赊欠,不换购,农民买不到盐,或缺少钱帛,只好不买盐吃,往往长久淡食;有时一吏到门,百家供奉,敲诈勒索,人们更是受害不浅。食盐由官自运,也害及百姓,如向民间筹集运输工具(车牛)名为出钱和雇,实际也是强迫差配;车牛齐集等候,装盐手续烦琐,辗转运输,旷日持久,费时失业,人民很有怨言。另一方面庞大的官僚机构效率低,费用大,贪污中饱严重,经营管理不善,更减少了专卖预期的收入。第五琦于肃宗乾元元年接手管盐，第三年即因改币制、行大钱失败而罢官，继由元载充盐铁使，选派豪吏督收盐利，其害民益甚了。

第五琦的去职并非因他把盐价加了十倍。当时有人攻他榨取过甚，会招民怨。但肃宗以为军国所需（"六军之命方急，无财则散"），不得不仰给于此。其实盐价之大幅度提高，同铜钱币值下落、粮食价格上涨有关。天宝时，盐每斗十钱（盐税低征，私人竞相生产，产量多，价格即降低），米一石不过三十钱，最高也无非是百钱石米；安史之乱后石米至千钱，其后回跌也得五百钱，盐价之上涨倍数还低于粮价的上涨倍数很多。与汉时比，唐食盐专卖之初价格也未见突出地高，东汉时盐仅征税，虞诩为郡守，"盐石四百"，每斗四十，但唐斗大，三倍于汉。这条材料的数字，折成唐制，是为斗盐一百二十钱（每斤二十四钱）；第五琦斗盐虽一百一十钱（每斤二十二钱），尚未过于东汉征税之时。可见价格并不是第五琦盐法中的最不善者，因此后来刘晏主持盐政时盐价维持原状，并未调低。第五琦的设盐户、立盐籍，亦为刘晏继承，而开后世的盐民编为灶户之先，灶户止隶运使，不系民籍，得以优免杂役，实源于此。

"随事趣办"的第五琦在有唐一代食盐向专卖制的转变中实出了草创之力，只是制度尚不健全，毛病还很多，还有待高出一筹的刘晏来妥为解决之。

■ 刘晏改革盐法，首创就场专卖

刘晏（716—780年）幼有神童之称，受知于玄宗，入秘书省为正字，长出为地方官，表现出非凡的才干和理财能力。第五琦罢官后，刘晏继任盐铁使。几经波折，于代宗大历元年（766年），唐政府实行财赋分区管理之后，正式以户部尚书身份直接分管东南的盐铁、常平、转运、铸钱等使，直至大历之末，长达十几年之久。唐代的食盐专卖在刘晏手中得到整顿，并创造出一种新的形式：由民制官收官运官销的直接专卖制改为民制官收商运商销的间接专卖制（就场专卖制）。这种做法是管仲、商鞅、桑弘羊以来都没有过的。人称"管子而后，盐法之善无有如刘晏者"。刘晏的食盐专卖，办得确有许多值得称述之处。

刘晏整顿盐政，首先在于选择贤能，知人善任，还不是单纯地强调省官省费。第五琦主盐政问题诚然在于机构冗杂，"盐吏多则州县扰"，奸弊生，但是如果徒知精简机构、裁员减费，而所任盐官不能很好选择，则事务弛废，正与官多费冗相等。刘晏就避免了这样极端的做法，而十分重视人才的因素。

盐为利薮，官为盐蠹。盐政修举不在官多，而在得人。"置官不如议法,议法不如择人。"刘晏省官而更重择人之举,确实可称为他的"治盐纲要"。

刘晏的大力整理场产，也抓住了治盐之根本。唐时盐业生产较前代有所发展，分布很广，可分池盐、井盐、海盐三大区域。池盐区以历史悠久的河东解县、安邑两池最为著名。当时已发展不愁旱涝的畦晒之法，为池盐生产技术的一大改进（原池盐带苦味，唐时出现过滤池，滤去杂质，盐变味美，苦盐改称甘卤）。关内亦产池盐，以灵、盐、会三州盐产较丰（盐州五原的乌池即今之花马天池）；陇右（甘肃、新疆）

▲ 刘晏

也有些小盐池和戎盐（青海）。井盐区以山南剑南两道的盐井为主。山南道十八县产盐（分布于今湖北、川东、川北、川康地区）。剑南道产盐县有五十一。不包括南诏（云南）地区的盐井（一百来所），唐盐井共六百四十。其中：山南西院领一百二十三（在果、阆、开、通各州），剑南东川领四百六十（在梓、遂、绵、合、昌、渝、泸、资、荣、陵、简各州），剑南西川领十三（在邛、眉、嘉州），江南西道的黔州（彭水）有井四十一，山南道的成州（在甘肃）和剑南道的巂州各有一井；另，陇右道的秦州、渭州也有盐井共二处。海盐区有河北、河南、淮南、江南、岭南五道的产区：河北产盐三县——邢州、巨鹿、沧州之清池盐山；河南即山东产盐区，产盐县七，魏晋以来由于环境变化，盐业已渐形退化，不如昔时之盛；淮南道产盐二县——扬州之海陵，楚州之盐城，盐质甚佳；江南道产盐十二县——嘉兴、盐官、鄮县、永嘉、黄岩、宁海（在今浙江），侯官、长乐、连江、长溪、晋江、南安（在今福建），产盐最盛；岭南产盐五县——新会、海阳、琼山、宁远、义伦（在今广东），安南有盐一处，这是唐时发展起来的。唐食盐专卖后实行由盐铁使和度支使分掌东西两大盐区的管理体制。其余铸钱、常平、转运以至整个财赋也由东西二使分掌。大历初，代宗下令：京畿、关内、河南、剑南、山南西道以最近复职的判度支第五琦领之（后由户部侍郎判度支韩滉继任）；东都（洛阳）畿内，河南、淮南、江南东西、湖南、荆南、山南东道，以盐铁转运使刘晏主之。也就是除了河东以及西北的池盐、山南西道的井盐由户部度支直辖，而河北、山东海盐被地方藩镇割占外，东南海盐和山南东道的井盐都归刘晏管理（山南东道包括鄂西、豫西南、川东，川东盐区在其境内）。当时，许（许昌）、郑（郑州）、邓（邓县）、汝（临汝）各州以西皆食河东池盐；汴（开封）、滑（滑县）、唐（唐河）、蔡（汝南）各州以东则吃海盐。中唐以来，唐政府的盐利主要靠东南海盐，这与西汉时经济重心在北方，南方地广人稀、食盐资源开发不多的情况是不同的。

在这广大的食盐产区中，刘晏为避免骚扰州县，其裁并盐官的做法是："出盐乡因旧监置吏亭户"。这些地方都是卤旺产丰者，因就第五琦时旧设盐监的建制，酌设盐官，以理场产；其余卤淡产稀之地，过去设官冗杂，适滋纷扰，盐户散漫也不便稽查，则令其停产，或由各监分别管理。

经过刘晏的一番整顿，盐务机构建得很精干了。史载刘晏所辖地区内仅有嘉兴、海陵、盐城、新亭、临平、兰亭、永嘉（今温州）、太昌、侯官、富都十个盐监。嘉兴属吴郡，海陵属扬州（今泰州），盐城属楚州（有盐亭一百二十三），新亭、临平属杭州、兰亭属越州，永嘉属温州，侯官属福州，太昌（即奉节）属夔州，富都当是今之富顺。这十个盐监除最后两个是井盐外，前八个都是海盐，分属今浙、淮、闽盐区。随着经济重心的逐渐南移，盐业生产的中心也逐渐南移了。

各盐监收盐，转售于商人。盐监主要是管理食盐生产和收购的机构，监之下设有许多"场"，场有粜盐官，就办理向商人售盐之事。部分食盐即在这十个盐监所在地直接出售，"岁得钱百余万缗，以当百余州之赋"，约占大历末盐利总收入的六分之一。在离产区不远的交通四达之地，则设置规模较大、堆栈性质的盐场，负责食盐的收纳、储存、中转、分销。食盐的更大部分在这四大盐场销出。当时有涟水、湖州、越州、杭州四大场。越州、杭州两场是分别与新亭、临平和兰亭盐监对口的，相当于这些盐监的"二级站"。涟水属泗州，未有盐产，但因其属漕运要道，商旅辏集，故于此处接受淮盐（海陵、盐城），以利转输，亦便粜卖。湖州场则是收贮转输嘉兴监的食盐的。这些盐场不同于监下的小场。有了较大的栈场提供仓坨来存放食盐，就可使产地所制的场盐统归官收，不致稍有浮盐未收，或有收无储，散置横溢，而易开"场私"透漏之门。设置这些栈场也是整顿场产的重要环节。而且在这里发售也可减省商人往产地跋涉之劳。盐场的设置与盐监是密切相关的。

刘晏懂得要扩大盐利收入，其来源是在增加食盐生产的基础上扩大食盐的流通，而不是靠克扣盐户或对消费者提高盐价（第五琦以来每斗盐一百十钱未增）来进行财政搜刮。为此他非常重视食盐的生产。史言刘晏"又以盐霖潦则卤薄，暵旱则土溜坟。乃随时为令，遣吏晓导，倍于劝农"。盐以卤为主，霖雨过多，则卤质淡薄，成盐就困难；晴久地干，则碰土成溜坟起，可大量淋出浓卤，以便煎煮。只有晴雨得宜，方能所收益多。为增加食盐生产，刘晏根据各个时期的气候情况，派人晓谕盐户宜采取什么措施，具体指导如何提高制盐技术。

刘晏主持盐法采取就场专卖的新制度，国家只掌握头道批发，小批发和零售放给商人去做，这样就革除了过去官运官销时的种种弊病，而理顺了食盐在城乡的流通。史载："刘晏于出盐之乡，置盐官，收盐户所煮之盐，转鬻于商人任其所止。"《新唐书·食货志》亦云："出盐产因旧监置吏、亭户，粜商人，纵其所之"，以为"亭户粜商人"者实标点有误，民制官收，就场粜商，寓税于价，其事简而易行。商人纳价后，即放令出场，"纵其所之"，"任其所止"，不论何地任其贩运（只是不能销于非刘晏所管的河东池盐的销区之内）。原先盐在运销过程中，"诸道加榷盐钱，商人舟所过有税"，刘晏奏请朝廷明令：罢州县率税，除加榷盐钱，禁堰埭邀利。也就是盐只在产地寓税于价，向国家缴纳统一的"产税"，而不再缴纳运输过程中各地乱加的"过税"，这样就解除了贩运公盐商人的额外负担，降低了运盐成本，有利于食盐的正常流通。百姓无复税之累，盐法有统一之规，

"盐法之善无过于此"。

刘晏还多方给商人以方便和优待。当时收缩通货数量,渐感钱币不足,为了减少商人缺钱、换钱的困难,特规定盐商可纳绢代钱,用以购盐,绢价定得比一般为高(外加十分之二),以招徕商人,鼓励他们纳绢,政府可由此掌握所需的大量绢帛,为将士军服之用,既推销了食盐,又取得必要的军用物资,而省去了先收钱再转购绢帛的麻烦,于商于官都有好处。

刘晏借重商人,并非完全放弃官营商业稳定市场价格、调剂物资余缺的职能。他考虑到商人贪图利润,趋易避难,对于那些离盐产地较远、交通不便的偏僻地区,因运费高,不大肯运盐去,即使运一点盐去,也是奇货可居,高抬售价,为此他采取了对策。据史载:刘晏在"江岭去盐远者",准备了一笔"常平盐","每商人不至",食盐供应紧张价格上涨,"则减价以粜民"。这样既解决了偏远地区人民食盐的困难,平抑了食盐的市场价格,有时也可给国家增加一些财政收入,做到官获其利,而民不乏盐。

专卖法必以多设仓栈为要,刘晏不但在偏僻地区有特别的常平盐之设,而且在交通要道还设置数量较多的盐仓:"吴越扬楚,盐廪至数千,积盐二万石"。江淮产盐区是主要的盐产地,每年粜商以外,尚有积余之盐,刘晏叫人多建仓库,以便将场盐尽数收买,使杜漏私之弊,同时将大量食盐收起来,储以备用,使无缺盐之虞。虽然盐归商运商销,但有了分布如此之广、存量如此之多的食盐底本,自然就不怕商人高抬价格、扰乱市场了。常平盐和数千盐廪,一定范围内的官运官销,是对就场专卖下的商运商销不可缺少的补救措施。盐仓和盐监、盐场构成了一套食盐的官营商业网。

刘晏布置缉私有方,在这方面设置专门的机构,谓之巡院。刘晏就场粜盐于商人，任其所止，就便运销，发挥市场的调节作用，尚没有后世那样的"引界"之分（商人为降低成本增加利入，自然会注意食盐的合理流向，尽先将盐运至离产地较近的销地出售，而形成比较周全的产销关系，但这不是引界），还不存在越界犯私的问题（后世称为"邻私"）。但是对场灶的漏私、商人的夹私，亦未尝不设法查缉。据《新唐书·食货志》载：

自淮北置巡院十三，曰扬州、陈许、汴州、庐寿、白沙、淮西、甬桥、浙西、宋州、泗州、岭南、兖郓、郑滑，捕私盐者，奸盗为之衰息。当时"自许、汝、郑、邓之西，皆河东池盐，度支主之；汴、滑、唐、蔡之东，皆食海盐，晏主之。"

巡院都设在海盐的销区之内的交通要地。扬州是东南都会，漕运要地，瓜州附近为盐盗渊薮；白沙为船运通津（在今仪征城南，滨长江，即唐扬子县境的白沙州），港汊环错，并属要塞；润州为浙西门户（镇江），运道所经，多与太湖相连，私盐出没，实宜预防；这些都是邻近盐场之地。泗州为转运要路，涟水一场，在其东北，又居淮汴之冲，为扼要之地；蛹桥（今宿州），也是淮汴要会，舟车必经；庐寿是淮右重镇，盐运通道；兖郓是济泗上游，私盐丛聚；陈许界汝颍之间，亦水陆冲途，郑滑绾梁宋之路，漕运中枢；宋汴二州当汴河之冲，私行商旅、舳舻相接；淮西（汝宁）控颍路之险，亦为私盐要路；这些都是行盐地区，距场较远者。至于岭南，未设盐监，场地禁私也归巡院兼理。巡院注意缉私，控制了销区一头，另一方面控制产区那一头：以合理价格广收亭户之盐，设仓储存，防止了场盐的透漏，这样，"场私"既清，"运私"又缉，两头相互配备，贩私盐之风自然会平静下来，公盐的畅销就能得到保证。

巡院的任务也并非局限于防止私贩，刘晏选择能吏，主掌院事，"广牢盆以来商贾"，这些"招商官"实肩负推销官盐的任务（招商官事见《云笈七签》）。在巡院之下也设"场"，是低一级的销盐机构，另外诸道巡院还负责传递商情，以便刘晏调节盈虚，稳定其他主要商品的市场物价。盐、场、仓、院，从产地到销地、从上到下，刘晏通过一整套精干的机构，有效地领导他的食盐专卖工作。生产、收购、储存、中转、招商、出粜、缉私，一环扣一环，真是"法益严密，轻重得宜"。"奸盗衰息"，正是由于立法完备，规划精细，构成一个体系，并不单单是由于巡院之设立。

▲ 刘晏雕像

在设巡院的诸城市中，扬州尤为重要。刘晏派干员驻守（"尽干利权，判官多至数十人"），有时自己也去坐镇。唐后期扬州贸易繁盛，"商贾如织"，"雄富冠天下"，致有"扬一益二"之称。这与刘晏的兴盐利及运漕米、办均输，有直接的关系。

■ 盐专卖后的大盐商

刘晏利用商人，为了发挥商人的经营积极性，对之有所照顾和优待，但也有控制和防范，不许商人投机倒把；终刘晏之世，盐不乏，价不高，商人亦不甚横。唐后期，盐法日紊，与刘晏时的以剥"奸商之居赢"为务的政策已大不一样。

本来，食盐专卖后盐商列入盐籍，由盐铁使管理，目的在于便利考查控制，即《新唐书·食货志》所说的"盐民田园籍于县，而令不得以县民治之"。但由于从德宗起官府对盐价失控、放松，以至放弃了过去刘晏所实行的稳定市场盐价的种种措施，常平盐已缩小到两京才有，各地都不考虑常平盐的问题。而官方却带头大幅度提高盐价，商人在很少受限制的情况下，乘机抬价谋利，投机者很快发了大财。再加过高地虚估折交盐价的绢帛和其他物质，也对购盐商人大有好处。这样就为宪宗朝以来大盐商的崛起开拓了利途。

白居易在《议盐法之弊》中还指出盐政之弊给商人钻了空子。当时已与刘晏的精简机构精神相左，而是"院场太多，吏职太众"，"院场既多，则各虑其商旅之不来也，故羡其盐而多与焉。吏职既众，则各惧其课利之不优也，故慢其货而苛得焉。盐羡则幸生，而无厌之商趋矣；货慢则滥作，而无用之物入矣。"这种以多给加饶的耗盐、滥收粗制的货帛（作货币用，元和以来钱币不足，有钱帛兼行之法）招徕商人、增加课利的做法，结果是"盐愈贵而官愈耗，货愈虚而商愈饶，法虽行而奸缘，课虽存而利失"。在弊中得利的商人，实际上就是奸商的复起。官商分利的食盐专卖又进一步变坏了。

穆宗时，盐商们更是好运来临。《唐会要》及《册府元龟》载：长庆元年三月，盐铁使王播奏："应管煎盐户及盐商，并诸盐院停场官吏行由等，前后敕制，除两税外不许差役追扰。今请更有违越者，县令奏闻贬黜，刺史罚一季俸，科再犯者奏听进止。并从之。"盐商免除一切徭役（除两税外），本已一再有明令规定，王播还嫌不够，竟请准：如有违令，地方官要受处分。其保护盐商真可谓周全备至。盐商有此优渥待遇，自然不肯放弃，不待号召"商之子恒为商"，其子父相承，盐业遂成世业，甚至有多方钻营、求为盐商者，这是刘晏始料所不及的。盐商还尽力寻找庇护人。有了军将、官僚作政治靠山，其社会地位更巩固了。汉唐食盐同属专卖，盐商人的境遇却完全不同。

汉武帝时是富商大贾纷纷破产，而唐代，"五方之贾，以财相雄，而盐贾尤炽"。（刘禹锡语）峡中云安监盐贾龚播，经营贩鬻，致获厚利，不十余年间，积财巨万。盐商子弟挤入仕途的已大有人在，懿宗咸通时的宰相毕诚就是"世失官为盐估"的"醝贾之子"。唐代的大盐商同封建政府之间已存在着一种联盟的关系。

文宗以后，唐王朝政治日益腐败，有的地方追迫盐商当差服役；有的地方擅辟税场，滥税商贾，连茶盐也不能免。这就引起盐商的不满。但这些并非中央政府的政策，大盐商同封建政府的利害关系总的说来还是一致的。因此在唐末动乱中不少阶层都起来反对唐室，"独富户胡商"没有参加，盐商正是富户中的巨擘。

唐代盐商，子父相承以为世业，是犹农家之子常为农，工之子常为工，还不能过早地说是已渐形成如后世那样的专商。迄唐后期在大范围的销区（海盐销区与池盐销区）之内，对各商人还是"任其所之"，只要海盐池盐井盐不相互跨区冲销即可（有时两池盐越入兴元府等地井盐地界，也被接受此既成事实，而同意"放入"）。这与二使分掌盐利有关；禁止越界贩盐，并非针对商人之间的利益分配问题而发。划区供应虽初见端倪，大供应区内比较固定的产销关系虽逐渐自然形成，但在类型上、性质上全然不同于后世的"引岸制"——由各商自占所卖官盐地界（宋代开始），而得官府保护，定岸既分，世袭永专，视同采地的具有典型意义的"引岸"制。所以唐代的盐商还远不如后世专商专岸的盐商之垄断性为强。说引岸制起源于唐也未免言之过早。

■ 五代的食盐专卖

唐朝末年，藩镇割据局面不断加剧，进而形成五代十国（907—960年）。处于分裂割据状态的五代政权，频繁地发生战乱，食盐专卖制度于是作为开辟财源的主要方法被采用，并走进一个全新的发展阶段。在这一阶段，管榷比唐时是大大加强了，许多地区内、很长时间里又实行了官运官卖的直接专卖制，并有新的花样（如蚕盐制等）；商运商销的就场专卖中也出现了一些新的形式，如两税盐钱制等做法。分区销盐的制度开始确立；缉私之法、犯私之罚又比过去更加严密。从效果上衡量，专卖制度实行较好的时候固然是有的，但实行不好的时候也不少，不恤人民，问题突出。

据有关记载称，五代十国时期的产盐区，淮南的盐产区主要分布在吴及南唐；两浙的盐产区主要分布在吴越；福建的盐产区主要分布在王闽；岭南的盐产区主要分布在南汉；两川的盐产区主要分布在后蜀。此外，中原地区的梁唐晋汉周五代政权所有者，主要有河北、山东的海盐、河东以及西北的两处池盐罢了（后周时晋北盐也隶属于北汉），疆域迫蹙，军费需求很大，因此导致盐税苛重，盐专卖现象愈演愈烈。

就五代的中原政权为例，朱梁（后梁）盐法循唐就场榷商之旧制。但兵兴以来"场务隳残"，只有河东池盐抓得较紧。朱温自己曾领河东节度使，借两池盐利扩充实力，战胜强敌；后来朱友谦持节河中，也兼理盐课，以其收入中的部分上贡。虽然也有盐铁转运使之职（有时还由宰相兼），但总的来看，梁时十余年间政策还较宽，仅有禁断民间（曹州）刮土淋煎小盐出卖，以推广官盐销售的记载。五代盐法的严密则是从梁以后的后唐才显著的，而梁末帝时的赵岩（朱温婿）为户部尚书厚敛政策已开始露头了。

后唐鉴于盐利之丰厚，庄宗一即位即着手整饬盐政，加强专卖，河东两池设榷盐使，各道置盐铁转运使，"会计之重咸蓰居先"，盐利在财政收入中比重大升。当时嫌通过商人的间接专卖其利为薄，故恢复官卖，实行唐时第五琦所实行过的直接专卖法，而苛细尤甚。这是后唐盐法有异于中晚唐的一个新特点。史言"官卖未必能周遍，而细民之食盐者，不能皆与官交易，则课利反亏于商税。于是立为蚕盐、食盐等名"。官卖制至此有了新的发展。所谓蚕盐就是官盐的赊售摊配制度，为食盐专卖的一种新形式。每年二月官府将盐"俵散"给民户（实际是民户去指定盐仓或场务去请领），等到夏收（麦熟后）即五月间收回盐钱。二月是下蚕种季节，五月是收茧季节（各地时间早晚略有差异），赊销期与育蚕期一致，故名蚕盐（盐可用于腌茧，可提高蚕之抗病力）。所谓食盐就是按人口配售官盐的制度。籍列户口，计口授盐，逐年俵卖，只准供食，不得转售。在官卖盐中，蚕盐的实行范围是较大的，蚕盐以解池颗盐为主，不但于各州的乡村中俵卖，州城城内亦有蚕盐的散发（城内亦有养蚕户）。

官卖盐于唐庄宗时，在重敛急征、如赵岩复生的租庸使（兼管盐铁）孔谦手里，搞得很坏，盐价昂贵（后来不得不减了一次价），强迫勒买。在有的地区（如魏州）还要对城内的商户、半商户征收"随丝盐钱"（随两税丝，向民户征收的食盐税，先是以赊配食盐为由，后并不赊盐而干征盐钱，成为一种加赋），民甚苦之。

唐明宗继立诛孔谦，食盐专卖也稍稍放宽。据长兴年间所定的盐法，除了议减盐价外，其主要表现是对于非实行蚕盐制颗盐的其他销区，在乡村准许通商（"应是乡村并许私商兴贩"）。州府县镇则仍由官卖，各置榷货场院（末盐），或由中央在州府设立"榷货折博场院"（颗盐），主管其事，供应食盐。官盐在乡村部分地区通过商人兴贩后，官府从盐价中打一折扣，把部分利润让给商人，所得减少，所以其实行范围是并不普遍的（部分地区仍实行蚕盐制），仍主在官卖，还不能笼统地说后唐已确立了官卖通商的城乡分工的原则。

后唐主在官卖，而且是采取计口分配的办法，不同于汉唐的设肆

▲ 古代制盐复原图

官卖，而恢复了管仲之法。这是因统治者要多得盐利，必须多销食盐，按人户摊配、赊售，都是扩大推销之法。而当时官府对户口的控制转而加强，亦为实行计口授盐的官卖制提供了可能性。后唐庄宗"仰所司速简勘天下州府户口正额，垦田实数"；唐明宗检括户口也很有成效。在战乱之后，荒地闲田很多，后唐政府许"新归业人口逐便盖舍居止，与免差徭"，落上户口对农民有好处，这与过去流亡脱籍者多、无法计口配盐的情况是不同的。

与主在官卖的同时，颗（两池盐）、末（海盐）、青白等盐（庆州池盐）分区销售的限制大大加强，以至形成一套严密的制度，这也是后唐食盐专卖中的一个很突出的现象。唐时池盐与海盐、井盐分区销售，但起先实行不大严格，致有越界梟卖事后追认照准之事发生（如《旧唐书·食货志》所载：元和六年，卢坦奏请准河中池盐入兴凤六州梟卖事）。宣宗时越界贩盐始有禁令。后唐时强调各种盐"不许越界分参杂"。唐明宗明确规定颗盐通商之时不得带入末盐地界销售，违者重罚，以防妨害末盐供应区内的官卖业务；同样，也规定了末盐不得越界销售。在准许通商之后，划区供应比之完全官卖之时是更为注意了。历史事实证明，行盐分界，"邻私"有禁之说，自后唐时起已甚嚣尘上，并非到后来（如说后周显德年间）才"稍见端倪"，始露"萌芽"。

■ 唐代后期的盐业管理

唐代后期，随着唐政府对于食盐产销运营的全面控制，而形成了与之相应的盐业管理体制。这一管理体制，不仅适应就场专卖制的特点，也配合着藩镇割据形势下强化中央集权的需要。本节所讨论的内容即主要包括与此有关的盐政机构的建置、职能以及盐利收入的使用、分配等问题。

盐政机构的建立，最能反映中央政府对于盐业的经营和盐利占取程度。隋及唐前期食盐实行自由产销时，盐政事务多由地方管理，即连盐池使也由地方节度使或州刺史兼任。榷盐法实行后，盐税作为专卖收入而独立，方形成了由度支、诸道盐铁转运使分掌盐政的组织机构。

唐后期的盐政组织可分为两部分，一是度支、盐铁二使所在的中央机构，二是二使派向地方的庞大系统——场、监、院等分支机构。

1. 中央机构——度支、诸道盐铁转运使的建置与特点

度支、诸道盐铁转运二使，是唐后期中央最高盐政长官。二使的建立，应从开、天以降发展变化的形势论起。

唐代前期，国家财赋由尚书省户部主掌。户部的度支司主掌国计，除计划调度国用外，也负责"凡天下舟车水陆载运"的转运之务。开元二十一年，裴耀卿改革漕运，设立专司东南税赋运输的转运使，并因此推动了度支机构的扩展。次年，由于度支职繁事增，以别官"判（知）度支"而兼领转运副使的情况便出现了。

安史乱后，各类临时性的使职名称伴随着筹集财赋的需要纷纷设立。盐铁使也于榷盐法初行之际产生。乾元元年三月，第五琦以户部侍郎兼御史中丞初领此职，"盐铁名使自琦始。"不久更以户部侍郎判度支勾当租庸盐铁铸钱使，使"判度支"——度支使的职名也从此

固定，并成为兼掌盐务的中央最高财政官员。随着唐政府对东南盐专卖事务的拓展和财政重心的南移，唐朝的财政和盐务更由度支使一人兼掌而转为二使分判的局面。

代宗永泰元年，时刘晏改革漕运成功，遂与第五琦按照地域划分，实行财赋分掌制。根据分掌制，"刘晏充东都、淮南、浙江东西、湖南、山南东道转运盐铁铸钱等使，第五琦充京畿、关内、河东、剑南、山南西道铸钱转运盐铁等使"，初步划分了东西二使执掌权力的范围，盐铁职权也被一分为二。分掌制解决了安史乱后藩镇割据状态下一使难于东西兼顾的问题。它根据唐后期形势特点，使东南盐铁漕运在盐铁使专力领导下相对统一，既有便于对盐铁漕运及专卖制的管理，也有利于改善和消除地区间分散隔绝的状态，实现以东南为主体的财赋运营和均输。此后，刘晏领导的盐政组织即在此基础上建立，成为专卖制运行的核心。

分掌制使中央政府加强了对东南盐铁漕运的管理和控制，但它在实行之初并不稳固。除了使职曾遭取缔外，度支与东南盐运使的关系在一段时间内也不明确。德宗建中初，曾一度分设汴东、西水陆运盐铁使，而以"度支总大纲"。贞元初，元琇为户部侍郎判度支，与诸道盐铁转运使韩滉也因转运东南盐铁财赋的问题发生争执。《旧唐书·班宏传》称宰相窦参举荐张滂为盐铁使判转运，"尚隶于宏（时任度支使）以悦之。"度支使对盐铁使权力的牵制，造成二使的矛盾。故至贞元八年，才由宰相赵憬、陆贽等建议，对于二使权力作了彻底划分。据《唐会要》卷84《两税使》记载，这次按照"大历故事"而重新划定的分掌制，"以东都、河南、江淮、岭南、山南东道两税等钱物，令户部侍郎转运使张滂主之，东渭桥以东巡院悉隶滂；以关辅、河东、剑南、山南西道财物，令户部尚书度支使班宏主之。"两使财权遂因此各自独立，巡院等机构从属关系也随之变化。以后，史载由于"裴延龄判度支，与盐铁益殊途而理矣。"二使的权力更分而不可复合。直至宪宗时李巽改革宣布东南盐铁"利系度支"后，才在分掌原则下重新取得了协调和统一。

二使形成的过程中其职名也逐步固定。《旧唐书·德宗纪》载贞元二年十二月，以镇海军节度使韩滉兼度支、诸道盐铁转运使。此后"诸道盐铁转运使"（简称"盐铁使"或"转运使"）即渐成为东南部使职的固定名称。同样，度支使（也称某官"判度支"）也成为西部使职的代名称。二使与在中央的户部使（也称"判户部"）共同组成财政三司，在职能上取代了原来的户部。同时根据分掌制原则，盐铁使主掌东南部海盐与山南东道峡内井盐；度支使掌管河东、关内等道池盐与山剑三川井盐。元和六年以后，峡内井盐亦被划归度支。唐后期由于这一分掌制始终实行，且由一人兼领二使情况不多，故避免了权力过于集中的情况。

度支、盐铁二使作为盐政长官，其职能是多方面的。他们必须参与并负责盐专卖法令政策的制定与贯彻，总掌盐利的申报及盐铁财赋的经营与使用，调整机构建置并决定下级官员的任免，以及通过巡院协调与地方的关系等等。由于职繁任重，故多以户部及其他各部尚书、侍郎兼任（唐末多升为中书、门下侍郎领使），后期以宰相任使也逐朝增多。据《唐会要》卷87《转运盐铁总叙》称，自文宗开成三年至宣宗大中壬申（六年），"凡十五年，多任元臣以集其务。崔珙自刑部侍郎拜，杜悰以淮南节度使领之，既而皆践公台。薛元赏、李执方、卢宏正、马植、敬晖五人于九年之中，相踵理之，植亦自是居相位。"使职任相提高了自身地位；反之，宰相兼领使职也可控制财权。唐晚期财源枯竭，权臣往往试图通过掌管盐利操纵朝政，故以宰相兼领盐铁使尤为普遍。

度支使和盐铁使于其所在地均各自设有办公机构。度支使院常设于京城。盐铁使所揽重务虽在江淮，但为了加强中央集权，也多将治所设于京城。二使通过使院汇总四方动态信息。《资治通鉴》卷226记刘晏"常以厚直募善走者，置递相望，觇报四方物价，虽远方，不数日皆达使司。"宪宗时，宰相李绛曾要求将没收浙西节度使李锜财赋以代租的赦令"付度支、盐铁急递以遣"，也是利用了度支、盐铁院传达快捷的优点。

2. 地方派出机构——场、监、院的设置和职能

度支、诸道盐铁转运使分掌东西盐政，其专卖事务则由分派在地方的场、监、院机构系统来完成。

至德、乾元以后，第五琦于"山海井灶近利之地"首置监院。其名是否来自唐前期的盐池监，不得而知；但它显然是最初负责专卖事务的机构。

除了设于产地的监院，代宗大历以前，与专卖制有关的，还有唐政府向地方诸道派设的租庸使或租庸从事等。他们是独立于地方行政系统外的财务官员。任务主要是催征赋税，及对地方"不承正敕，妄有征科"的违法行为实行财政监察。不少租庸使（其中特别是有盐铁诸道）的职衔内明确地兼带盐铁使，如广德初河东道租庸盐铁使裴谞，以及剑南盐铁青苗使严丹等。意味着租庸使也要负责本道专卖事务，他们的职能与监院很可能是相结合的。

第五琦与刘晏划行分掌制后，诸道租庸使及租庸从事的派设随即停止。《唐会要》卷48记永泰元年三月第五琦奏称，"租庸使请一切并停，唯遣判官一人、巡官二人催遣。"这标志着中央二使领导下的财政体系进一步完善和统一。大历以后，刘晏于所在东南诸道，率先

建立了监、场、巡院等一系列专卖机构；以后，这些机构也发展至度支使支配下的西部地区，成为贯穿全国的专卖系统。

盐利收入在唐后期的国民经济与政府财政中占有与两税几乎同等重要的地位。盐利收入的变化及其使用分配等诸问题，与唐朝后期政治形势及国运盛衰密切相关。但与唐前期赋税原则"量入制出"不同，唐后期的盐利收入既不均衡，在使用上也存在着计划与临时支出并存的情况。另外，藩镇与唐朝廷的矛盾斗争也始终反映在盐利问题上，成为导致唐朝灭亡的又一要因。

3. 唐代后期的盐利收入及其在国家财政中的运用

安史乱前的食盐税收，几乎是象征性的。开元、天宝年间有记载的90所盐井岁入，不过8058贯。即使将海、池、井三类盐收入加在一起，并包含以盐代租的部分，也仍是微乎其微。

专卖制推行后，实行垄断价格，盐利大增。它在国家财政中的地位也完全不同。《新唐书·食货志》记刘晏任使前后的江淮盐利说："晏之始至也，盐利岁才四十万缗。"其中"晏之始至"，可以认为是在刘晏接替第五琦领东南盐铁的广德二年，40万缗即是第五琦任使时的最高收入。刘晏上任后，"法益精密"，盐利收入大幅度提高，"初岁入钱六十万贯（缗），季年所入逾十倍。""大历末，通天下之财而计其所入，总一千二百万贯，而盐利过半。"即从"其初财赋岁入不过四百万缗"的十分之一或八分之一，上升到占国家财政总收入的一半以上。并且600余万贯，还只是刘晏所在东南各道盐利收入，其中绝大部分应是海盐。

除此之外，《新唐书·食货志》关于刘晏时期的盐利收入还有十监四场"岁得钱百余万缗"的记载。十监四场是东南部主要食盐销售机构，所得至少应为当时海盐收入的大部。但此钱数明言"以当百余

▲ 唐代五铢钱

州赋",故应与刘晏以盐利办常平救灾联系起来。史载大历初年水旱灾害频仍、且涉及区域颇广,故"百余万缗"者即大历初期某年海盐之利。

德宗建中以后,盐政混乱,榷价高抬,虚实估出现。《册府元龟》卷493载贞元二年盐利为659.6万贯,并说明是虚估,实收钱数当较大历末低得多。

永贞、元和时期,经杜佑、李巽改革,盐价有所下降,盐利再度有较大幅度增长。《册府元龟》卷493记永贞元年收榷盐虚钱已增至753.0万贯。而《旧唐书·李巽传》也称李巽"掌使一年,征课所入,类(刘)晏多岁;明年过之,又一年加一百八十万。"是元和初盐利已超过大历末而达到有史以来的第二高峰。但这里所说是按实估,如按虚估则更为悬殊。《册府元龟》同卷记元和四年二月,李巽奏江淮河南峡内兖郓岭南诸监院元和三年的"榷盐都收价钱"是"七百二十七万八千一百六十贯","比量未改法已前旧盐利,总约四倍加抬,计成虚钱一千七百八十一万五千八百七贯。"这里虚估数字大大高于实估。但其中所谓四倍加抬,与727.816万贯和1781.5807万贯的比例似乎不相符合。此点推测应与征收价中尚存在少量虚估有关。所以"榷盐都收价钱"虽强调实估,但严格来说还不能算是真正的市场实价;而这一点,也正是将虚估作为对照,在账目中长期保留的原因。

4. 中央与地方有关盐利的矛盾和斗争

唐前期为巩固西北边防和赡军,常以朔方节度使兼领关内盐池使。代宗永泰、大历后实行财赋分掌制,度支使的职权范围已包括关内等道。然而直至德宗即位，汾阳王郭子仪的职名中仍带"朔方节度、关内支度盐池六城水运大使"，这说明由于朔方军的特殊地位，关内灵、盐诸州的盐池仍归其掌握。此后不久，盐州等地即沦于吐蕃。直至贞元九年收复，"城盐州，复盐池，上赐宰臣新盐"；且于次年六月，以度支使裴延龄兼灵、盐等州盐池井榷使，其灵、盐诸州盐池才完全归隶度支。

中晚唐以后，西北边境诸州仍被吐蕃侵占，不少盐池也随之沦失。盐利课税不常。某些盐池以备边仍隶节度使。如白池"属河东节度使，不系度支"，直接供给振武、天德两军营田、水运官兵用盐。另外西南也设黔中盐铁使，以观察使兼任，一如度支、盐铁使设判官等员。此或是出于民族贫困地区食盐贸易管理以及补充地方军政的特殊需要。

唐后期政府明令对盐利不加收管的地区很少。在专卖制实行的广大范围内，盐利均应通过盐政组织收归中央。尽管如此，中央与地方州县和藩镇之间对于盐利的争夺还是十分激烈的。前述独孤郁曾论"州县不奉法"是盐榷重弊之一。而地方势力破坏专卖、争夺盐利的手段确也极多。其中跋扈藩镇依仗势力，强占境内盐产地，拒不执行盐法的例子不胜枚举。如德宗时淄青节度使李纳、李师古长期霸占蛤朵盐池，甚至派兵戍守。文宗、武宗时昭义节度使刘从谏公开在境内煮盐卖铁。而藩镇和乱军抢劫盐铁院财赋事也屡屡发生。建中时，淮南节度使陈少游将盐铁使包佶运送的财物劫归己有。贞元十五年度支使颀奏移转运汴州院于河阴，就是因为"汴州累遇军乱，失散钱帛故也"。元和中，李师道因对唐朝用兵，遣数十人盗焚河阴仓，"烧钱帛三十余万缗匹，谷三万余斛。"穆宗长庆中，武宁节度副使王智兴率军驱逐节度使崔群，"至蛹桥，遂掠盐铁院缗帛及汴路进奉物，商旅赍货，率十取七八"。这些公开的掠夺都使唐朝廷损失很大。

藩镇和地方州县还经常采用隐蔽的手法与朝廷争盐利。他们私设堰埭，率税商贾，或实行闭籴禁钱以增加自己的收入。德宗贞元三年，李泌奏称："自变两税法以来，藩镇、州县多违法聚敛。继以朱泚之乱，争榷率、惩罚以为军资，点募自防。"德宗后期进奉大行，更为藩镇争榷率和设堰埭增加了借口。《旧唐书·食货志》记贞元后期藩镇为了进奉，"通津达道者税之"。但藩镇仅以搜刮的财富"十献其二三耳"，其余没入者，都被用以养兵自重。

与此同时，地方私设堰埭等问题也因朝廷放权废而复兴。元和战争中，诸州府曾纷纷设立茶盐店征税，其后盐铁使程异奏称："伏以榷税茶盐，本资财赋，赡济军镇，盖是从权。兵罢自合便停，事久实为重敛。"可见茶盐店是政府暂分权利给军镇的权宜之计。从《新唐书·食货志》记载武宗时州县置邸店对茶商征"搨地钱"可知，所谓茶盐店即为征过住税，性质亦同堰埭。此类店一旦置而不去，过住税的征收实际上便已逐渐普遍化了。

实行榷盐法以来，唐政府虽在原则上是"榷盐价钱，自有本使收管，不要州县条流"，事实上却使州县愈来愈多地参预了专卖事务。从常平盐的籴卖到缉私巡察，都使州县有可能更多地接触和盘剥盐利，从而引起与中央政府的矛盾和斗争。

延伸阅读

社东庙会盐池的来历

唐大历十二年，户部侍郎韩滉撒谎"河东盐池生红盐"，竟引得唐代宗李豫拨银两修建了一座规模宏大的盐池神庙。其实，早在黄帝、炎帝时期盐池北畔卧云岗上就有一座盐池神庙,不过规模不可与现在的池神庙同日而语。在盐池的东禁墙角下有一座日神庙,在盐池的西禁墙角下有一座风神庙,这更是鲜为人知。盐池产盐,一靠池神保佑;二靠日神蒸晒;三靠风神搅拌,盐池周围民众、盐工、盐商自愿建庙也在情理之中。

在黄帝为首领的部落时代,每年从旧历的四月份开始,盐池周围的民众到盐池自由捞取食盐。盐池周围全是盐碱地,不能种庄稼,民众以捞盐换取粮食和生活用品来维持生计。有一年,由于天气变化,一直没有刮风,民众把裤腿卷过膝盖,双脚长时间泡在咸水里都没有捞出更多盐。广大民众无法生活,只好纷纷逃离家园,跑到离盐池较远的部落,寻找新的"奶酪"。

这片美丽而富饶的湖泊不能造福于民,轩辕皇帝的大臣风后看在眼里,急在心上。使尽浑身解数在盐池南麓中条山的横岭山口(今运城市白家庄村南)凿开了一风洞,使南风徐徐吹来。次年的四月,盐池滩里白晶晶的食盐就显露出了水面。从此,湖中的食盐生生不息,又成了民众维持生计的聚宝盆。逃离家园的民众又跑了回来,使盐池西边成了最大的原始部落(今运城市的社东村附近)。在广大民众的心里传颂着风后开风洞的故事,人们把风后传成了神明。

风后死后,人们在盐池西边的社东村北给风后修了陵墓,并授予"荣誉村民"的称号,立了一座纪念碑,上面刻着"风圣故里"四个大字,让风后永留盐池旁边,造福于民。

"盐池一年四季一场风,从初一刮到大年终"。这是盐池所处地理位置的自然现象。盐池肯刮风,而且越刮越大,把风后的陵墓刮得都找不见了。社东村的村民费尽周折,到处寻找,最后在黄河的拐弯处找到风后陵墓(现在的秦、晋、豫三省交界处)。原来是风后死后还想给更多的老百姓造福,便独自阵守在黄河岸边,为人们的经济发展保驾护航。后来,人们便把这个渡口叫风陵渡。

为了感谢和纪念风后,社东村的民众在以前风后的陵墓上修建了一座庙,叫风神庙,每年风后生日的时候,也就是农历的二月十五日,人们在这里烧香、拜祖、搭戏台、唱社戏、放社火、闹红火、敲锣鼓、舞狮子、踩高跷来祭奠风后。直到现在社东村周围十里八乡的农民在二月十五日都到社东村赶庙会,进行物资交流,繁荣经济,富民强国。

第四章
宋元时期的盐业与盐文化

公元960年,赵匡胤发动陈桥兵变,建立了宋朝,史称北宋。1276年,元兵攻占南宋都城临安,1279年灭南宋,建立了元朝。1368年,元朝被朱元璋领导的队伍所推翻。公元960年至1368年的408年时间,为宋元时期。这一时期,出现了比较完善的盐业管理机构。在宋代,盐业生产技术的进步,在井盐和海盐的生产之中有明确的体现。

第一节　宋代钞盐制的出现

■ 宋代盐业生产概况

宋代生产的发展和经济的繁荣，促进了科学技术的进步和各种手工行业的发展，为盐业生产技术的进步和盐业的发展奠定了良好的物质基础。

宋初，全国年产盐2亿余斤。仁宗时（1023—1063年），达到2.5亿斤；绍兴年间（1131—1162年）达到3.4亿斤，乾道年间（1165—1173年）约4亿斤，比宋初增长了近一倍。在宋代盐产量中，东南地区的淮浙闽广海盐产量约占70%，解州池盐产量约占22%，蜀井盐产量约占8%。

宋代盐业生产技术包括煎制和晒制两大类。海盐、井盐和土盐为煎制，统称为"末盐"；解州池盐为晒制，称为"颗盐"。除人工制盐外，宋代还有天然的岩盐（崖盐），以及不时自行结晶的池盐。宋代盐业生产技术的进步，集中表现在井盐和海盐的生产之中。

宋代时期的井盐生产技

▲ 卓筒井

术，集中表现在四川井盐钻井技术的开展。北宋庆历年间（1041—1048年），四川民众在继承汉唐以来大口径浅井的成功经验基础上，发明创造了冲击式（顿钻）凿井法——卓筒井，获得了具有划时代意义的成功。卓筒井这项工艺技术的发明，足以与中国古代"四大发明"相媲美，为我国钻探技术的发展树立了一座里程碑，使钻探技术跨入一个崭新阶段；它的推广和应用，促进了宋代四川井盐业生产的蓬勃发展，同时也为我国石油、天然气的开发开辟了道路，使人类开采地下丰富的矿藏成为可能。

宋代海盐生产技术的进步主要包括：海洋气象知识的积累和引潮工程设施的改善，取卤、制卤技术的进步，验卤方法的改进和海盐晒法的尝试。南宋孝光时人程大昌指出："今盐已成卤水者，暴烈日中，数日即成方印，洁白可爱；初小，渐大，或十数印累累相连。"可见，当时在东南沿海已有采用海水晒盐的尝试。

宋代盐课是国家的主要财政收入，在中央财政收入中占有显著的位置。据《宋史》记载，北宋至道三年得颗盐收入为72.8万贯，末盐163.3万余贯；皇祐三年，盐课收入为221万缗；皇祐四年为215万缗，比庆历六年增加68万缗。熙宁年间达到600万贯左右。南宋孝宗乾道六年户部侍郎叶衡说，"今日财赋，鬻海之利居其半。"由于盐课在宋代财政收入中的重要地位，因此，宋代盐法屡有改变，以加强朝廷对盐业的控制，强化盐课的征收。

宋代盐法主要包括两大类型，分别为禁榷法、通商法。所谓的禁榷法，就是指一种由国家推行的盐专卖制度；所谓的通商法，就是指一种由国家把盐售给商人，并使之在一定范围内自由运销的专卖方式。其中的禁榷法包括官卖、计口授盐、计税敷盐（两税盐钱）、计产敷盐以及常平盐等内容；通商法包括入中法（折中法）、钱盐法、钞法

▲ 古代制盐场景图

以及引法等内容，除此之外，还有盐附加税。

宋代，"禁榷"和"通商"两种专卖制度交替使用，或在不同区域内同时并存，将盐业置于政府的严格控制之下。在专卖制度下，为了垄断巨额的盐课收入，还建立了庞大的缉私队伍，对私盐实行严厉的处罚，对犯私盐者，动辄致罪。以两淮为例，一岁之间，因犯私盐而致罪者，达1.7万人。

由于严格的控制和对税收的强化，元丰三年（1080年）盐税收入达918万余贯；徽宗政和六年（1116年）蔡京当政时，"盐课通及四千万缗"。总之，宋代盐法时有更易，制度多变，重复征税，人民深受其苦。

元代，盐业生产规模扩大，技术也有所进步。元朝政府极为重视盐业生产与运销的管理，并为此制定出非常严密的制度以及颁布一系列法令，建立了严谨的机构，把盐的生产与运销都牢牢掌控在国家的手里，并通过这种控制收获了巨额收入。但是，在封建生产关系的制约下，元代盐的产销过程中仍然存在着种种难以解决的矛盾，导致了私盐的盛行和元代社会矛盾的复杂化。

■ 钞盐制的出现和推行

北宋庆历二年（1042年）正月，三司使姚仲孙推荐范宗杰做制置解盐使，前往解州经度盐事。范宗杰到陕西后，发现以往局部开放通商，存在不少问题。其中最突出的是,商人向官吏行贿,并与之交通作弊,抬高"入中"价格,多算盐货,以损官肥私。边地商旅交纳两根橡木,竟向国家讨取定价一千文,支盐一席(220斤);"虚费池盐,不可胜计"。此外,商人还往往利用供求矛盾,在缺盐地区抬高盐价,以牟取暴利。

鉴于局部商销制所带来的这些问题,特别是亏损盐课,直接影响到财政收入,范宗杰奏准朝廷,宣布在京师及西路销区恢复榷法,"禁民通商","复禁永兴、同、华、耀、河中、陕、虢、解、晋、绛、庆成十一州(军)商贾;官自辇运,以衙前主之。"直至范祥变法改制之前,包括三京、二十八州军在内的解池东路销区等地,仍又都禁锢在腐朽的"官运官卖"体制下。

范宗杰既全面取缔通商,官运官卖的种种旧弊,自必接踵而来。特别是官府组织士兵和百姓,向他们摊派运盐苦役——包括赔偿运途损耗在内;其骚扰之广泛,负担之沉重,都令人不堪忍受。"兵士逃亡死损,公人破荡家业,怨嗟之声,盈于道路";致使"关内骚然"。

另一方面,随着东、西两路榷禁,商盐行销范围日狭,边地入中粮草而至南路经销解盐者,愈来愈少。据范仲淹说,庆历三年(1043年)初,包括经营各类专卖品的"榷货务商客,才有一百来名"。这样,范宗杰榷盐之利,反"不足以偿县官之急"。

庆历三年五月,王尧臣代替姚仲孙做了计臣。朝中宰执大员,已多有"欲弛茶盐之禁"者。大致与此同时,西夏已开始与宋廷洽商,意欲将其青盐大批倾销于陕西。解池盐法,面临着新的挑战。恰在这一时刻,即庆历四年(1044年)二月,陕西人京西路汝州知州范祥提出一种新的解盐运销体制。

范祥这套新运销体制,后人称为"钞盐制度"。它的核心,是将原来以"官运官卖"为主的解盐"榷禁"体制,改为以商人分销代销

▲ 宋代纸币

为主的通商体制。这套新体制的基本内容，可概括为以下四点：

1. 原解盐官卖地区一律改行通商，"尽驰兵民輓运之役"；并将商盐销区扩大到缺盐的川蜀地带。

2. 商人请盐不再缴纳粮草等实物，一律改用现款实钱，购买盐钞"要券"。盐官"即池验券，按数而出"，难与商人作弊；官府则获得现款，按市价籴买军储粮草。京师边费拨款，从此可免。

3. 边界地区实行商运官卖——即由商人贩解盐至边地，全数售与地方政府，再由政府卖给民户，以防止西夏食盐利用通商入塞。其余商盐未到之地，亦暂行官卖。

4. 在京师多储库盐，随时调节并稳守市场盐价。

不难看出，范祥提出的钞盐制度，是对传统的"榷禁"盐制的基本否定，也是对宋初以来局部商销制的发展和完善化。

范祥的方案一经提出，首先引起两位大臣——知制诰田况、枢密副使韩琦的极大兴趣。在他们的支持下，范祥当即被调往陕西，受命与陕西都转运使程戡共同讨论改制之事。可惜，程戡在听取了这位知州的方案之后，竟漠然处之，拒绝将其付诸实施。范祥本人，也改知华州。钞盐新制方案，即被搁置。

过了四年之后，即庆历八年十月，范祥已升任提举陕西银铜坑冶铸钱。他毅然再度上书，重申前议。这一次，尽管宰相陈执中不肯委任范祥做陕西漕臣，但范祥毕竟得到权三司使叶清臣的支持，改官为提点陕西路刑狱、兼制置解盐事。改革盐法的夙愿，终于得以实现。范祥赶赴解州，开始着手试行钞盐制度。

新制第一年（庆历八年十月至皇祐元年），由于盐价提高，商人或恐利小，踌躇不肯算请。豪贾猾吏，乘机作梗。结果，岁入盐钱，顿亏于旧。以侍御史知杂事何郯为代表的官僚们，借此反对新制，蜂起呼吁复旧。围绕新制的争议，一时震动朝野。

争议的焦点，自然不是新制是否有利于商品经济的发展，而是新制对国家财政究竟是否有利。为了回答这一问题，仁宗降敕，命三司户部副使包拯立即前往陕西，"驰视"利害。新制命运，皆系于包拯此行。

包拯到陕西后，开始了认真的调查。他根据"沿路访闻"，发现民间对榷禁旧制已"不堪其苦"；但又深"恐朝廷"放弃新制。同时，他又与陕西都漕魏瑾、漕运李参及制置解盐使范祥等共同讨论，对现行新制作了某些改善和补充。

包拯视察的结果，完全肯定了范祥的新制。包拯回京后，上奏仁宗说："只如陕西自有解盐之利，若尽以付与，令置粮草，一二年后，可全减榷货务每岁见钱银绢等五七百万贯……若乃轻信横议，不究本末，图目前之利，忽经久之大计，窃恐难以善其后也！惟陛下留神省察。"仁宗接受了包拯的意见，降敕："陕西盐法且依范祥擘画，通商放行。"钞盐制得以实行。

皇祐五年四月，范祥因处理边务失当，遭人弹劾，钞盐制亦随之被放弃。嘉祐三年，经包拯等人共同吁请，朝廷再度起用范祥，钞盐制再度施行。嘉祐五年范祥去世后，亦大体继续推行新制。后来，这一制度在其他盐区陆续推广，成为宋代食盐运销的基本体制。

■ 卓筒井的诞生和四川盐业的发展

宋代初期，大口井生产能力逐渐衰退，造成政府税收的减少和食盐的短缺，导致社会的动乱。因此，仁宗时对盐业政策进行了重新调整。其主要内容：一是增开新井。二是蠲减各井逋欠的课税，压缩岁课；改善井户、役夫待遇以提高食盐产量。三是在原来"入中""折中"制的基础上，进一步开放商人代销；并于庆历八年再度解除四川盐禁，商"盐入蜀者，亦恣不问"。

仁宗时期盐业政策的调整，减轻了政府对盐业生产的束缚，使封建政权对盐业生产的严格控制得以暂时放松，为卓筒井的出现创造了良好的社会条件。

在盐业政策调整的同时，四川社会经济的发展、人口的增长与盐荒又进一步促成了卓筒井的发明。

由于食盐缺乏，四川地区出现了程度不等的盐荒。为了满足食盐的需要，在四川爆发了争夺食盐和盐井的战争。仅乾德三年（965年）至皇祐元年（1049年）的84年内，四川较大的起义与动乱就在20次以上，其中至少一半以上与食盐问题有关。盐荒带来的社会动乱，引起了宋政府的关注，促成了盐业政策的调整；同时，盐荒也驱动着人们去寻找出路，新开盐井。

卓筒井出现于北宋庆历年间（1041—1048年）。它的出现，是中国盐业史和钻探科学技术发展史上具有划时代意义的事件。在当时，即引起了一些有识之士的注目，对它做了较为详细的记录。

关于卓筒井的开凿及生产情况，苏轼在《蜀盐说》中做了如下的记载："自庆历、皇祐（1041—1053年）以来，蜀始创'筒井'。用圆刃凿，如碗大，深者数十丈；以巨竹去节，牝牡相衔为井，以隔横入淡水，则咸泉自上；又以竹之差小者，出入井中为桶，无底而窍其上，悬熟皮数寸，出入水中，气自呼吸而启闭之。一筒致水数斗。凡筒井皆用机械，利之所在，人无不知。"

　　苏轼关于卓筒井的记述，已将其出现的年代、井身结构、开凿方法和生产过程写得较为清楚。

　　从苏轼的记载中我们可以看到，庆历年间（1041—1048年）出现的卓筒井，是一种全新的、有别于大口井的新型盐井。卓筒井的发明，标志着井盐开采和钻探科学技术史上一种崭新的钻探工艺技术——冲击式凿井法的诞生。

　　卓筒井具有的优点有很多，包括技术先进、开凿时间短、占地面积小、易于开凿以及便于掩藏以逃避课税等，因此，卓筒井一经问世，就快速推广开来。到了熙宁年间（1068—1077年），在陵州境内就已经开凿了卓筒井数百口。与此同时，在和陵州接壤的嘉州（今四川乐山）、荣州（今四川荣县）等地，"亦皆有似此卓筒盐井者颇多，相去尽不远，三二十里，连溪接谷，灶居鳞次"。此外，"忠、万、戎、泸间夷界，小井尤多"。

　　宋代时期创造的卓筒井属于一种私自开办的盐井，在它的发展历程中，曾数次遭受朝廷或官府对它的压制或"栈闭"，但是，它还是顽强地发展并壮大了起来，并且逐渐取代了官府控制的大口井生产方式。元祐四年（1089年），北宋朝廷下令"不问大井及卓筒，并不禁止。若遇盐泉枯竭，许于原井侧近开卓取求，以补元额井数。依条差官

▲ 卓筒井开采食盐

榷定认纳课利,其枯竭元井却行栈闭,仍不得创于他处及额外增添开卓",正式承认了卓筒井的合法地位。

宋代卓筒井的出现,促进了盐卤资源的开发和四川井盐生产的发展。从井数来看,宋初全川有盐井608口。卓筒井出现前,陵州"止有官井数处"。随着卓筒井的发明,至熙宁四、五年(1071—1072年)便发展到"数百井";元丰年间(1078—1085年)更发展到"千百井矣"。据绍兴二年(1132年)的统计,"凡四川二十州,四千九百余井",170多年间,便增长7倍多。

因此,可以肯定地说,宋代卓筒井的出现,促进了盐卤资源的开发和四川井盐生产的发展。

第二节　元代的盐业与盐文化

■ 元代盐业生产概况

　　元代时，盐业生产规模日益壮大，技术也取得了显著进步。元朝政府对盐业生产与运销的管理极为重视，不仅为此制定出严苛的制度与颁布一系列法令，还建立了专门的庞大机构。盐的生产与运销全部掌控在国家的手中，国家通过对盐的控制收获了巨额财富，所以，元人说："国家财赋，盐利为盛"，"富国裕民，无出于铸山煮海二事而已。"但是，在封建生产关系的制约下，元代盐的产销过程依然存在着各种各样难以解决的矛盾。

　　元代，南北统一，盐产区也复归于一。当时，全国盐场共有10区：大都、河间（河北）岁办额45万引，山东岁办额31万引，河东（鲜州）10.2万引，四川2.9万引，两淮95万引，两浙50万引，福建13万引，广东5.6万引，广海（广西）5万引，此外，还有辽阳区，岁办额引不详。元天历

▲ 元代钱币

年间（1328—1329年），"盐，总二百五十六万四千余引"。主要盐产区是在两淮、两浙、河北、山东，尤其是"两淮盐独当天下之半"；而川盐、解盐的地位越来越趋于下降。

在元代盐业生产中，有海盐（末盐）、池盐（颗盐）、井盐的生产。据记载："有因自凝结而取者，解池之颗盐也。有煮盐而后成者，河间、山东、两淮、两浙、福建之末盐也。惟四川之盐出于井，深者数百尺。汲水煮之。"

海盐在元代盐业生产中占有重要的地位。元代海盐的生产主要是"煮海而后成"的煮盐方法，但同时也出现了"晒曝成盐"的晒盐方法。元代的煮盐之法在陈椿的《熬波图》中有较为详细的记述。

《熬波图》作者陈椿曾在松江华亭县下砂场任职，熟悉当地盐业生产的情况。他所著的《熬波图》共有图52幅，每幅附有文字说明和诗歌题咏，表现了煮盐生产的全过程。从《熬波图》的叙述中，我们可以看到，当时的海盐生产包括建造房屋、开辟滩场、引纳海潮、浇淋取卤、煎炼成盐等工序。在这些工序中，建造房屋、开辟滩场是为了生产海盐而进行的基本建设，这些基本设施建成后，才能开始生产。引纳海潮、浇淋取卤、煎炼成盐是海盐生产的主要流程。引纳海潮是海盐生产的前提，通过这一过程引海水入港，用作制卤的原料。浇淋取卤则是制卤的主要手段，通过这一工序将海水制为卤水；其方法因地区的不同有晒灰取卤法和削土取卤法之分。煎炼成盐则是将卤水运到团中，加以煎炼，制为食盐。

虽然晒盐法南宋时已出现在福建，但元代以来则开始在较大范围内应用。世祖至元二十九年，江西已出现晒盐。成宗大德五年，福建运司所辖10场就有6场采用晒制，晒盐已占很大比重。当时晒盐生产的前两道工序引纳海潮、浇淋取卤均与煮盐法相同，但在卤水加工成盐工艺上，则"全凭日色晒曝成盐，色与净砂无异，名曰砂盐"。晒盐法与煎盐法相比，是制盐工艺的一大进步，但在元代仍未大量推广。

池盐也是元代重要的盐业生产之一。

▲《熬波图》中的制盐场景

元代出产池盐的地方很多，均集中在北方，以解池最为重要。唐代以来，解池采用垦畦成盐，人工种晒，使盐的产量和质量都得到了很大提高；元代池盐制法则有所改变，由垦畦成盐改为自然成盐，"不烦人力而自成，非若青齐沧瀛淮浙濒海牢盆煎煮之劳及蜀井穿凿之艰也。"但自然成盐却导致盐质下降，致使"解盐味苦"，影响民食。

解池之外，北方还有不少盐池和池盐的生产。如上都（今内蒙正蓝旗境内）周围自然形成的盐池，兴和路昌州之东的"狗泊"盐池，以及辽宁的"硬盐"和宁夏的韦红盐等。

四川的井盐生产在南宋时蒙古对宋的战争中遭到很大的破坏，元朝统一后，逐渐有所恢复。据元代中期统计，"为井凡九十有五，在成都、夔府、重庆、叙南、嘉定、顺庆、潼川、绍庆等路万山之间"。元代后期，四川民间往往私开盐井。有"襄、汉流民，聚居宋之绍熙府故地，至数千户，私开盐井，自相部署"，从事盐业生产。

■ 元代食盐专卖

元代实行食盐专卖，强化对盐课的稽征、管理。其制度来自金、宋，但比之金代专卖有所加强。元代专用引法，不复用钞，不同于金之钞引兼备。元代引法仿自北宋蔡京，立法之严密比宋代犹有过之。因此有"引制之行肇于宋而实备于元"之说。主要有以下几种制度。

1. 引岸制

元代引法，内容十分复杂。盐引由户部印造，颁发各路由运司召商发卖，盐引盖上盐运司所信官防，各照行盐地方。商人赴司买引，依价纳钱，官司填给商人"勘合"（宋时称"合同"），写明引目字号、关支某场、运卖某地（"批引"），每引一号，前后两券，用印钤盖其中，析而为二：以后券给商人，谓之"引纸"；以前券作底簿，谓之"引根"，直接送交支盐的盐场。

商人到场，关支引盐，必依勘合底簿，凭验核对，印信号数全相符合，乃得掣放出场。凡商人运盐赴所卖地前，须先行具呈报明，由盐运司发给"水程验单"，写明字、号、引数、商名，并所止销区，钤盖司印，随同引目给商照运。沿途经过官司，接引，依例盘验；到达住地由所在官司查对盐引数目号名与水程相符，方许发卖给城镇铺户或乡间客贩。盐卖尽，将所执"水程"连同引目在5日内缴销。如违限匿而不缴者，同私盐论罪。这种官收商销的间接专卖，是元代食盐专卖的主要方式。

在元代引岸制之中，又包括官制商运商销和官制官运商销两种方法。官制商运商销法由各地官府置局卖引，每引付盐400斤。世祖平江南之初，每引为中统钞9贯，折银四两五钱，每引较中统二年减少二两五钱。嗣后每变一次盐法，就增加一次引价，元末每引盐价竟增至3锭。官制官运商销法行于大德四年，当时中书省准两淮运司的奏请，在交通方便的地方设立仓库，商贩就仓支盐贩卖。延祐七年，两浙之盐亦效两淮之法，改就场支给为就仓支拨。盐商向官府买引，赴指定的盐场领盐，按规定的区域贩卖。

2. 入粟中盐制

此制是官府召募商人将粮食运到指定地区（边疆或军队征战之所），然后政府给以盐引赴盐场领盐贩卖。

3. 计口授盐制

此制系由官府按人口或按户强制配给食盐，亦称"食盐法"。

▲ 古代食盐生产图

这种制度多行于产盐区或私盐盛行之地，目的在于增加盐课，以补国用之不足。

计口授盐制是由官府按户口派散（也用盐引）的直接专卖。由于场产附近私盐充斥，侵亏课额，买引商人无法插足。于是仿五代北宋食盐之例，计口授盐，在近场地区由官司俵卖。食盐制于元世祖中统四年始行于山东，至元八年大都、河北也以民户多食私盐而亏国课，查验户口，给以食盐。元灭宋后，在至元十六年于淮浙闽广濒海州郡悉行食盐法，使这种制度得以在较大的范围内推广。

4. 设局官卖制

此制系由官府设局，官为发售。元代中叶主要在大都（今北京）由官府设肆发卖。这种官卖盐实行的原因是由于"京畿民居繁盛，日用盐不可缺"，而"商贩把持引市，民食贵盐，乃置局设官卖之"。目的在于稳定盐价，防止奸商从中谋利。

5. 常平盐制

此制系由国家将盐运于指定地点存储，待盐价上涨时，国家以平价售出。其初衷是置常平盐局以平民间盐价，"每遇盐贵时官司贱鬻之，庶民得食盐而国亦获利"。目的在于稳定盐价，打击官豪，避免奸商图利。

6. 征税制

元代对自制土盐及四川井盐则实行征税制。如太原自制土盐（即小盐），世祖中统三年九月规定岁输7500两。至于四川的非国家所属的盐井，听民煮造，收其课十之三。

在元代食盐专卖制度下，元代食盐生产实行官督民制的做法。盐全由官收，元世祖时规定：灶户中盐到场，须随时收纳，应给工本，不得克扣。除按引额交盐外，也要多交一些作为损耗。

工本钱各地区各时期不同。大都盐区灶户工本按季分发，每引初为3两，至元二十八年增为中统钞8两（一两即一贯）。河间每袋盐重增至450斤，而每引工本在至元二十五年调高后，也只为中统钞5贯。山东工本钱更低，为中统钞3贯。解盐费工少每丁捞盐一石给工本钞5钱。两淮之盐，工本钞初为4两，后递增至10贯。两浙盐，每引分作2袋，世祖至元时每袋折中统钞9两，后每引增钞4贯，到仁宗延祐时，其工本钞，浙西正盐每引递增至20两，余盐至25两，浙东正盐25两，余盐30两。

元代中后期，先时不得克扣灶户的法令已废弛失效，拖欠、克减工本钱或以他物作不合理的"准折"等成为常事，加之货币贬值，尽管工本钱有所增加，但灶户的实际收入却反而下降。

广大盐业劳动者在政府和富户的双重压迫剥削下日益贫困化；盐课不断加重，使人民群众生活困苦；这些导致了私盐盛行，以及元代社会矛盾的复杂化。

■ 元代的私盐和盐徒

无论商运商销或是官运商销，出售的盐，都是经过盐运司核准的，这就是官盐。元代盐的销售还有一种途径，那就是不经过盐运司许可、私下发售的，这就是私盐。贩卖私盐的商贩，称为盐徒。

官盐、私盐都是从盐场中生产出来的，只是销售的途径不一样。私盐主要是从盐场、盐仓和运盐纲船上走漏出来的，而且往往是盐徒与盐户、船户、官吏、巡防军队互相勾结而得以实现的。顺帝至正八年（1348年）淮东捕获私盐四起，两起是直接从盐场灶户买得的，两起是从运盐纲船的纲头买得的，"多至万余斤，少者数十引，本系各场之煎官盐"，都是"场官、纲官通同巡盐军官军人纵令灶户、纲头恣意盗卖"。这些盗卖出来的盐，由盐徒用各种交通工具，转卖到各地，一般采用隐蔽的方式活动。但有些盐徒队伍是有组织的，声势浩大，敢于在光天化日之下，持械公开行动。

私盐的产生有多方面的原因。首先，元朝政府盐课太重，盐价太贵，广大群众买不起昂贵的官盐；私盐无须负担盐课，价格比官盐要低得多，当然受到人们的欢迎。"官盐苦高价，私鬻祸所婴。""高价"是"私鬻"的重要根源。元末福宁州（今福建霞浦）的一首歌谣也足以说明："大男终岁食无盐，老妇蒸藜泪盈掬。阿男辛苦学弄兵，年年担盐南海滨。担头有盐兵一束，群行大队惊四邻。"这家"食无盐"的男子，自己就投入了贩卖私盐的队伍。其次，盐户和运盐纲船船户生活穷困，被迫截留一些盐私下出售，以此解决自身的困难。元代后期著名文学家杨维桢（他曾在盐场任职）便说过："盐萌（民）依私权为命"。第三，私盐有利可图，不少豪强富户、穷苦百姓都以此为营利的手段；而盐司的官吏、巡盐的军队也乘机从中捞取好处。

但是，"私盐多，买官盐的人无有"。私盐发生，必然影响官盐的销售；私盐愈多，官盐愈滞销。元朝政府十分注意私盐的防治，盐场与外界的交通受到严格的控制，并灶立团，"外立团军巡绰"，其主要目的，就是"关防私盐"。不少盐司都设有巡盐官，如大都河间运司、山东运司和两淮、两浙运司等。中统四年（1263年），设立东平等路巡禁私盐军，至元二十八（1291年）元朝政府专门拨出5000人军队，在两淮盐司行盐地区内捉拿私盐。南宋归附元朝的军队称为新军、南军，平时不准持武器。成宗元贞元年（1295年）十月，"给江浙、河南巡逻私盐南军兵仗"。说明元朝政府对缉捕私盐的重视。元贞二年，又"命江浙行省以船五十艘、水工千三百人，沿海巡禁私盐"。元朝颁布的盐政法令中，对于私盐的防范和处理占有很大比重。世祖中统二年（1261年）的"恢办课程条画"中，已有关于私盐犯人和官吏禁治私盐不严的处理办法。这一"条画"是"因旧制，再立明条"，可见在此以前，已有这方面的规定。此后颁布的盐政法令，都有这方面的内容。特别是仁宗延祐元年（1314年），"申饬私盐之禁"，颁布了"条画"11款。延祐六年，又作了详尽的补充规定，长达5000余字。贩卖私盐判徒刑2年，决70下，财产一半没官，决杖后发大盐场带镣服役。买食私盐杖60下，再犯从重判决。官吏、军人等走透私盐或犯界盐货，笞40下，除名。纵放私盐者与犯人同样处理。"失过"或"捕获"私盐，是地方官政绩考察的一个重要组成部分。

　　元朝政府多方防范，禁网严密，但是产生私盐的社会原因得不到解决，私盐贩卖也就不可能中止。全国统一之初，"浙西私盐，吏莫能禁"。元朝江浙行省左丞完者都在松江府上海县一带，便"收盐徒五千，隶军籍"。广东"奸民以私贩梗盐法，往往挟兵刃以自卫，因而构乱，有陈良臣者，众至万人"。盐徒（私盐贩）数量之多，于此可见。元朝中期，官方文书中说："各处私盐、犯界，白昼公行，无所畏忌。""其盐徒动辄百十，结连群党，持把器仗，专一私贩。每遇巡捕，拒伤官兵，背法欺官，莫甚于此"。而且，这一时期盐徒的行列中出现了妇女，元朝政府为此专门在至顺三年（1332年）"定妇人犯私盐罪，著为令。"到了元朝末年，随着整个社会矛盾的激化，私盐贩卖声势更盛。顺帝至正四年（1344年），山东益都盐徒作乱，"横行山东、河北，若蹈无人之境"。至正十一年（1351年），"山东、河间二司，盐场多在濒海煎造，其在海大船每岁入场，通同场官、灶户人等，公然买卖……每船少者买贩数百引，多者千余引，运至扬州路管下崇明州地面石牌镇扬子江口转卖。此间边江拨脚铁头大船，结綜运至上江发卖，拒敌巡哨军船，杀害军官人等，岁岁有之"。陕西、河东一带的盐徒，"构集人众，执把器仗，再行赶喝驴马，动者不下百十头疋，略买到私盐，却来本境公然贩卖食用。""本司行盐地面兴元、凤翔等州府并所辖县分，捉获盐徒每岁不下千百余起，赃盐数万余斤。"盐徒中不少人参加了反对元朝的起义军。浙东的方国珍横行海上，"鱼盐负贩"。淮东的张士诚出身盐户，"兼业私贩"。江阴的朱定"贩盐无赖"。南系红巾军徐寿辉部中也有不少盐徒："江州在江南，舒州在江北……私盐船上插红旗，下江攻城如蚁急。前年江州李侯死，余侯今岁舒州没。"

▲ 元代黑牛盐井模型

元代盐徒中,地方的豪强大姓占有很大比重。当时有人甚至说:"私鬻盗贩者皆猾民豪室。"他们为了牟取暴利而从事私盐买卖。浙江绍兴"有余大郎者,私鬻盗鬻,招集亡命之徒,动至千百。所至强人受买,莫敢谁何!"他们还往往与盐司官吏互相勾结,倒卖私盐,也有不少是生活无着落的贫民,以贩卖私盐作为谋生的手段,如浙东平阳(今浙江平阳)"乡邻有以阻饥而与旁县民私鬻盐者类辈数十百人"。有些贫苦农民则因买不起官盐而投入了贩运私盐的活动。但是,这些贫苦盐贩,常常为豪强大姓所操纵。而巡防私盐的官员和士兵,或则畏惧豪强大姓的声势,或则与豪强大姓相勾结,于是便把矛头对准这些贫苦的盐贩,加以缉捕,借以立功,"铁于市者则蹙短素困之民"。总之,盐徒是一个复杂的社会集团,不能一概而论。

 延伸阅读

因盐而亡的元朝

辽金两代,食盐实行的是征税制。辽代实行征税制,在辽五京及长春、辽西、平州置盐使主管盐政。得到后晋所献燕云十六州,也就得到河间煮盐之利,置榷盐院于香河县(今河北香河)。

金代初年的征税制,开始仿宋制推行钞引法,设官置库,印造钞引。在北京(今内蒙古宁城县大明城)、西京(今山西大同)等七处设盐铁使司,负责批卖钞引。在各盐场,则设管勾等官负责监制和收纳盐斤。钞引的具体做法是,商人在京于榷货务,在外于附近盐司输纳现款,请买盐钞,即可往盐场支盐,到划定的行销区域贩卖,卖盐后向地方州县官缴引。钞必须与盐司的钞引簿相符,引必须与州县批缴之数相同,盐载于引,引附于钞。钞以套论,引以斤论,如解盐司以盐一百五十斤为一席,五

席为一套，一套为一钞，一席为一引。凡商人买引，都是以引计数。

元代，除四川的井盐业有所衰退外，福建、广东、广海、两淮、两浙、大都、河间、山东、辽阳以及河东（山西解州）等地的盐业生产都有所发展，制盐技术也有了显著的进步。元代全国盐场有一百六十余所，灶户、捞盐户等盐业劳动者五万余户，天历年间，全国盐产量达二百五十六万引（每引四百斤），远远超过了宋代。产量增加了，税收当然也增加了，《元史·食货志》有这样的话，"国之所资，其利最广者莫如盐"。

元代初年，行政措施非常简易，甚至没有设置专门的盐官，仅仅是征收一些盐税。到了1230年，就开始推行榷法，沿袭金朝的旧制设置专门的盐官制盐，仿效宋代时期的折中之法，号召民众交纳公粮，或收现钱给盐引支盐。灭掉宋朝以后，又改用宋制，专用引法，全国盐务政令全部交给户部主管。

按照朝廷盐法，在"计口摊课"的地区，县级官府必须强行抑配食盐，以收取盐课。而在实行盐引制的区域，岁终都转运盐使司也常将卖不出的食盐，摊派给附近城乡，"临逼百姓，追征食盐课钞"。

盐法严密了，导致引价上升，官盐一贵，私盐就更多了。有利可图时，一些军人也违禁贩运，更有权贵托名买引，他们加价转售，结果使官盐积滞难销。官府不得不又扩大官卖食盐区域，强配民食，不分贫富，一律散引收课。这个办法当然是太过分了，农民卖终岁之粮，也不足偿一引之值，这又怎么让人活得下去？

元惠宗至正年间，被迫停止食盐抑配，可是这个时候的人民长期陷于水深火热中，早已危机四伏，例如盐贩张士诚、方国珍以及其他农民起义军揭竿而起，很快就颠覆了元朝政权。因此，古往今来的历史学家就有了元朝是亡于盐政之乱的说法，这自然有据可依。

第五章
明代的盐业与盐文化

　　明代盐的种类，以其生产方法划分，包括海盐、池盐、井盐、土盐（即小盐）、硝盐、岩盐六类，其中以海盐、池盐以及井盐这三个种类为主。明代海盐的主要产区，因其盐课收入多少不同，地位也有高下之别。明代根据各产区盐之地位，设有都转运盐使司和盐课提举司；下面设分司及盐课司。明代通过这三级机构，实施对盐业生产、行销的管制。

第一节　明代盐业与盐业管理机构

■ 盐区盐务机构的设置

元至正二十年,陈友谅挟徐寿辉攻占朱元璋的太平、采石,直逼应天。次年正月,朱元璋为筹措军费,"始议立盐法,置局设官以掌之。令商人贩鬻,每二十分而取其一,以资军饷。"至正二十六年正月,朱元璋攻取张士诚所据泰州、淮安盐区,遂沿元制,置两淮都转运盐使司,设运使、同知、判官、经历、知事、照磨等官,统领两淮盐务。运司辖泰州、淮安、通州三分司及二十九场盐课司。明王朝对盐业的统制,由此开始。

洪武元年春正月,朱元璋一举消灭割据浙江沿海的方国珍,始"置两浙都转盐运司于杭州,下设三十六场盐课司。"朱元璋在出兵浙东的同时,派徐达为征虏大将军,率师北伐中原。次年,兵分三路直取福建,克复两广。随着军事进攻的节节胜利,明王朝的盐业机构也相继建立。洪武二年春正月,"置河间长芦、河东陕西二都转运盐使司,及广东、海北盐课提举司。"同年十一月,又设山东、福建都转运盐使司。洪武四年朱元璋平定四川,次年正月在纳溪、白渡设盐马司。二月,置四川茶盐都转运司于成都,十年罢。十九年,置盐井、建昌、苏州、越嶲、会川五井盐课提举司。二十年正月,设四川盐课提举司于成都,

▲ 明朝官员服饰

辖盐井51处。又置四川成都等府、上流等县九井盐课司。二十六年，于盐源置白、黑二井盐课司，隶属于四川盐井卫军民指挥使司。

明军在四川经过休整，十四年进兵云南，元守将梁王把匝剌瓦尔密兵败自杀。十五年云南平定，十一月置云南盐课提举司，"所属盐课司，凡兰州盐井等处。"十六年，又设云南安宁州盐课提举司、姚安白盐井提举司、楚雄黑盐井盐课提举司，所属有琅井、阿陋候井盐课司。

明朝设都转运盐使司的盐区有6处：两淮、两浙、长芦、河东、山东、福建。其职官，设都转运使一人（从三品），同知一人（从四品），副使一人（从五品），判官无定员（从六品）。下属有经历司，设经历一人，知事一人，库大使、副使各一人；所辖各场盐课司大使、副使，各盐仓大使、副使，各批验所大使、副使各一人。

都转运盐使司下设分司。按《明史·职官》所记，明朝共设14分司。两淮的分司是泰州、淮安、通州；两浙是嘉兴、松江、宁绍、温台；长芦有沧州、青州；山东分司为胶莱、滨乐；河东解盐则分为东场、西场、中场。惟福建都转运盐使司的分司无载。据《八闽通志》记载，福建"分司有二"。而谢肇淛《福建运司志》卷3《秩司志》则记分司有三，即"水口分司（离省城一百八十里）、黄崎分司（在福安县）、南港分司（在省城外新港口）"。连同《明史》所记14分司，明朝所设分司当为17处。分司职官，则由都转运盐使司的同知、副、判职掌。

盐课提举司职掌与都转运盐使司相同，但职官品位较低。设提举一人，官从五品，相当于都转运盐使司的副使。另有同提举一人（从六品），副提举无定员（从七品）。其属有吏目一人（从九品），库大使、副使一人。其所辖有盐仓、各盐场、盐井盐课司大使、副使。明代设盐课提举司共7处，即四川、广东海北（广州、廉州）、黑盐井（云南楚雄）、白盐井（云南姚安）、安宁、五井（云南大理）、察罕脑儿（陕西灵州）。此外，属军盐系统的还有辽东煎盐提举司。设提举一人，正七品；同提举，正八品；副提举，正九品。其官品又低于盐课提举司，职掌则相同。

盐课司设于盐场或盐井，是明代盐业的基层管理单位。盐课司官通过灶户中的团灶组织，对沿海（或山地盐井）极分散的盐业生产者（灶户）实施管制。

■ 明廷内外官盐政机构

明代朝廷对盐务的管理，洪武初由中书省职掌。

洪武十三年，罢中书省，盐务归户部。其时，户部下分四属部：总部、度支部、金部、仓部。由金部掌鱼盐。二十二年，改总部为民部。次年，又以"天下庶务浩繁"，分四部为河南、北平、山东、山西、陕西、浙江、江西、湖广、广东、广西、四川、福建十二部，四川部兼领云南，每部"各领一布政司户口、钱粮等事"。二十九年，又改十二部为十二清吏司。建文中，改为四司之制。永乐初复为十二清吏司，并改北平司为北京司。十八年，革北京司，设云南、贵州、交阯三清吏司。宣德十年，革交阯司，定为十三司，遂为定制。在户部机构的设置中，"天下盐课，山东司兼领之。"据《明史·职官》记载，"山东司带管在京锦衣、大宁中、大宁前三卫及辽东都司，两淮、两浙、长芦、河东、山东、福建各盐运司，四川、广东、海北、云南黑盐井、白盐井、安宁、五井各盐课提举司，陕西灵州盐课司，江西南赣盐税。"其具体主管盐课税的部门则是山东清吏司的金科。

户部作为明朝廷掌管"天下户口田粮政令"的最高行政机关，其职掌乃是"有应合行移内外衙门文书，俱各案呈本部参详"，然后上奏皇帝裁夺。在明朝高度的独裁专制体制下，户部则受制于内府。按《诸司职掌》的规定，"凡天下办盐去处，每岁盐课，各有定额。年终，各该运司并盐课提举司，将周岁办给盐课，出给印信通关，具本人递奏缴。本部委官于内府户科领出，立案附卷作数。"这里所说的"本部"即户部；而"内府户科"，乃是指司礼监六科廊掌司的"户科"。《酌中志》卷16《内府衙门职掌》云："其余大小衙门，遇有应题奏事情，皆先关白司礼监掌印秉笔，随堂而始行。"如此说来，所谓"兼领"天下盐政的山东清吏司，显然受制于司礼监。在明代，内官系统的司礼监权势甚大，不惟掌理内外章奏及御前勘合，即便是"请出纳号簿"，印刷盐引，也悉数掌管。据《诸司职掌·盐法》云："合用引目，各运司申报本部，委官关领，本部将来文立案，委官于内府印造。候毕日，将造完引目呈堂，关领回部，督匠编号，用印完备，明立文案，给付差来官收领回还，取领状入卷备照。"由内府控制。可见明初户部的职能，大体限于事务性的承办手续，而内府则是代替皇帝行使权力。

永乐迁都后，盐引引目印制则改由南京户部职掌，印好的引目，也由南京户科收贮、发放。各盐运司、提举司每年委派首领官一员，边商和典吏各一名，赴南京户部关领。"后因边商告免跋涉，止遣官吏请领。"然每年印造盐引额，则由北京户部职掌，这即是明人所称道的"盐法开中制之北部，引目发自南部，互为稽察，即古内外相准意也。"这种"互为稽察"的隐意，不仅见之于南部与北部的关系，而且在前述户部与内府的关系，以及盐运司、提举司衙门与巡盐御史的关系中，都可以看到。

■ 御史巡盐制

明廷对外放官吏的管理甚严。盐运衙门为世人视为肥缺，且关系军需供应，故为历朝统治者所重视。而朝廷对盐产区职官的控制，御史巡盐制乃是履行监察之责的基本措施之一。

御史巡盐制创始何时？据《明史·食货志》载："洪永时，尝一再命御史视盐课。"但作为定制，大概始行于永乐十四年。《（万历）会典》卷34云："永乐十三年，差御史、给事中、内官各一员，于各处闸支盐课。"按明制：巡盐官同巡按御史，出巡大都以一年为期，届期交待。至正统元年，命侍郎何文渊、王佐、副都御史朱与言，提督两淮、长芦、两浙盐，"并命中官御史前往"。以户部侍郎及都察院副都御史巡察督理盐务之制自此始。正统三年，"令两淮、两浙、长芦等运司，每岁各差御史一员，巡视及催督盐课。"此制大体与永乐十四年旧制相同。宣德十年因两淮军卫、势要人等兴贩私盐，"且挟持兵器"，"巡司官兵莫敢谁何"。经户部奏请，于是令差监察御史一员，至扬州府通州、狼山等处，"提督军卫、巡司缉捕私贩。"至此，巡盐御史已有"提督军卫"及"巡司"的军事权力。巡盐御史"以扬州为驻节地"，并设有巡盐察院。至景泰三年，巡盐御史不单巡视鹾事，同时兼理巡河。成化以后，盐法日坏，御史官卑，不足弹压，遂屡派都察院都御史、副都御史清理盐法，权势极重。至嘉靖三十九年，严嵩擅权，命其党副都御史鄢懋卿总理两淮、两浙、长芦、河东、山东五盐运司盐法，遂开总揽天下盐利之端。后严嵩虽败，其制未改，乃为隆、万朝所继承。隆庆二年，副都御史庞尚鹏总理两淮、长芦运司盐政。万历四十五年又设置盐法疏理道，户部山东清吏司郎中袁世振担任疏理道臣，盐运司、提举司诸官皆受制于疏理道。

如前所述，明代差御史巡盐的盐区主要见于两

▲ 河东制盐板画

淮、两浙、长芦、山东、河东，而未差御史巡视的盐区，运盐使司或提举司官则受当地地方有司或巡茶、巡海御史的节制。例如：云南诸盐课提举司，受布政司参政、参议监督；陕西灵州池盐，受庆阳府佐贰官及延绥西路、宁夏管粮佥事的节制；陕西西河、漳县池盐，乃受制于陕西巡茶御史。在福建，弘治二年，由福建清军御史兼理盐法；正德十四年改由巡海副御史及福建按察司代管。在四川，正德后，盐课督办，"尽归有司"。嘉靖三十七年四川巡抚都御史黄光昪奏疏说："本省盐课，旧归各场，今附有司。"这说明四川因盐井错落于州县，所以才改由州县地方有司代征盐课，而四川盐课提举司的职能作用已难以发挥。

第二节　盐业生产与运销配合

■ 食盐生产技术

明代海盐、池盐、井盐生产最为军国所重，所以这里重点考察这三大类盐的生产技术。

1. 海盐生产技术

海盐的生产，沿袭宋元旧法，有晒灰取卤、淋卤、试卤以及煎晒成盐这四道主要工序。取卤的方法，则包括灰压、削土、潮浸以及掘坑诸法，之后挖掘"溜井"（或称"漏""囊"），用"土淋"或"灰淋"的办法，获取卤水。试卤的方法，淮、浙多用莲荷石莲子，叫作"管莲法"，但是，在广东也采用"投鸡子或桃仁，若浮，则卤可用。"此外，宋应星《天工开物》还记有灯烛试卤法，浓卤的卤气，"冲灯即灭"。以上皆可视为明人普遍采用的试卤方法。试卤技术的广泛应用和日趋发展，为煎盐业节省了燃料和人力。

明代制盐，仍为煎、晒

▲ 盘铁煮盐遗迹

两种，以煎盐为主，晒盐则在明代后期得到发展。煎盐用盘铁、锅蠌。盘铁为大型铁铸煎盐器，适于"团灶"式生产。明代盘铁皆为官铸。如两淮，即在泰州官设盘铁厂，由"官置铁炭，每一盘铁四角，一角该铁五千斤。"可知官式盘铁以"角"为单位，四角为一盘，一角用铁5千斤，一盘则约为2万斤。因盘铁铸造工费甚巨，很少开铸。两淮"富安等场盘铁，俱系洪武、永乐中铸造。"根据《（弘治）运司志》所记各场盘铁额统计，明初共铸盘铁868块，共用铁1359.085万斤。至嘉靖六年（1527年），监察御史戴金奏改官式盘铁形制，"每角铁用三千斤，连铸造工价约用银二十六两。"而在两浙，其盘铁乃系灶户"自置荒铁"所铸，"每盘一面，重千数百斤"。其形制大体与嘉靖《淮扬志》所说的"四方盘铁"相近。

除铁盘外，两浙、广东等地，灶户煎盐，多用篾盘。如两浙曹娥场，"编竹为盘，中为百耳，以篾悬之，涂以石灰，才足受卤。燃烈焰中，卤不漏而盘不焦灼，一盘可煮二十过。近亦稍用铁盘。"两浙篾盘式样，据嘉庆《两浙盐法志》卷一《历代盐法源流考》记载："上下周以蜃灰，广丈深尺，平底，置于灶。"而在广东，灶户亦用"织篾为鼎，和以牡蛎"的竹盘，广东称为"盐盘"。《天工开物》曰："南海有编竹为者，将竹编成阔丈深尺，糊以蜃灰，附于釜背，火燃薪底，滚沸延及成盐，亦名盐盘。"据宋应星考察，这种竹编盐盘，"不若铁叶镶成之便也"。但在广东灶户看来，"竹釜蛎涂，转久弥密，此煎法也，功倍于晒，视淮浙煮而用铁者尤便。"这种"编竹加蛎灰为焉"的盐盘，具有成本低，取材制作便利，且不易为官府控制等优点，所以灶户喜用竹盘而不愿使用受到官府严格控制的铁盘。

明朝时期的晒盐技术已经比前代有了很大的发展。明朝晒盐技术的发展大致可以划分为两个阶段：第一阶段，主要采取盐卤晒盐，而制取盐卤的方式则依然是刮土淋卤，与煎盐时所用的方法相同。第二阶段，就是指直接用海水灌注卤池，用分层曝晒的方式获取盐卤，之后引入晒盐池成盐。这种全部依赖阳光蒸发水分的制盐工艺，终于摆脱了传统的刮土淋卤技术，从而发展成一种独立的盐业生产方法。这对制盐技术发展史而言，等同于划时代的跃进。

明代晒盐法的推广范围，主要包括淮北、浙江、福建、广东、长芦以及山东盐区的部分场分。例如山东、长芦，按照王守基《盐法议略》上的记述，明末清初之际，山东共10场，其中晒盐场分别为永利和永阜以及王家冈3场，煎晒并行场包括富国、西繇、涛雒以及官台4场。在长芦，晒盐场包括兴国、富国、海丰以及严镇4场。而"丰财、越支、芦台，旧皆半煎半晒，今则芦台如故，而丰财晒，越支煎矣。"这说明即便在晒盐较发达的北方山东、长芦盐区，煎盐仍占相当大的比重。惟其如此，徐光启才奏述晒盐五利，力主废煎改晒。

如果以"溜井"构造取卤晒盐和分池取卤晒盐作为两个阶段的话，前述两淮、两浙、福建、广东晒盐则处于"溜井"构造晒盐阶段，其发展程度不如山东。先看两淮晒盐业。其晒法："每灶各甃砖石为一晒池，旭日晴霁，挽坑井所积卤水，渗入池中曝之。"说明淮北晒盐是采用煎盐之"溜井"构造取卤，以卤水于晒盐池成盐。卤水成盐的单位时间，乃"自辰逮申，不烦铛煮之力，即可扫盐"。可知自上午7—9时晒至下午3—5时即可成盐，这较煎盐一昼夜似省时省力。如若加上取卤时间，盛夏时取卤一般为2—3天，秋冬二季一般为4天。再看两浙，晒盐一般"甃砖作场，以沙铺之，浇以滴卤，晒于烈日中，一日可以成盐，莹如水晶，谓之'晒盐'，价倍于常"。晒盐所用"滴卤"，乃是由"橐"渗入卤井的卤水，这说明两浙取卤晒盐与淮北相同。但这种晒盐，"惟盛夏有之，不能多得"，似与两淮四季均可生产的晒盐不同。又如福建，万历《漳州府志》卷2云："盐地为埕，漉海水注之，经烈日曝即成盐。"最后是广东。嘉靖《香山县志》卷2有云："井中水注盘中，盘以密石砌治极坚，为风吹荡，故广狭不过数尺。一夫之力，一日亦可得二百斤。"这里所说的"井中水"，无疑是指卤井中之卤水；而"盘"的含义，也并非盘铁、篾盘，而是指用石砌治的形如铁篾盘的晒盐池，可见其规模远不及其他晒盐区。通观明代各晒盐区发展状况，分池晒盐的生产技术多见于长芦、山东盐区，而其他晒盐区则仍处于"溜井"构造取卤晒盐的阶段。

2. 池盐生产技术

池盐生产，俗称"种盐"。《天工开物》记载明朝"种盐"方法："池水深聚处，其色绿沉，土人种盐者，池傍耕地为畦陇，引清水入所耕畦中，忌浊水，参入即淤溅盐脉。凡引水种盐，春间即为之，久则水成赤色。待夏秋之交，南风大起，则一宵结成，名曰颗盐，即古志所谓大盐也。"但顾炎武述及河东种盐，似与宋应星稍有不同。顾炎武说：盐池结盐花后，"用扒遍打，即沉水底，风力滚荡，逼以烈日，映水视之，如编贝然，颗粒洁白，遂成斗形。岁旱，粒细而芒；霖雨过多，日色不烈，则青头色。谚云：'南风生，盐红白'。若东北西南风，则塌花不浮，池如沸粥，谓之'粥发'，其味苦涩，刮弃池外，候风转，别上水种。"按上述所记，池盐生产一忌水浊，二忌东北西南风，而夏秋之交是否刮南风，与成盐关系极大。

池盐之上品称为"水晶盐"。明人姚士麟《见只编》卷上云："池盐状如水晶，唐人谓'盘中惟有水晶盐'是也。"在明代，世人仍以解州水晶盐为上品。顾炎武《肇域志》称解盐"形如水晶，上结盐板，光洁坚厚"。水晶盐即系形如水晶之盐。至于"漫生盐，今谓之塌花盐。"如果成盐后"更时霖小雨，则色愈鲜明，故曰'颗盐'"。顾炎武所说的"颗盐",显然与宋应星所指的"一宵结成"的颗盐稍异。

池盐成盐的时间,明人记述也不相一致。按宋应星所说,则在"夏秋之交"。具体月份不详。而顾炎武《肇域志》则说"五、六月间,曝以烈日,鼓以南风,翻腾浪花,落板即成颗粒"。与顾炎武同时代的谈迁在其《枣林杂俎》中集却说:"岁九月九日先后数日,尝大风雨,为化盐之候。"

3. 井盐生产技术

川、滇井盐生产,因系凿井取卤,所费资金人力,远较海盐、池盐为巨。

四川盐井,主要分布于成都盆地四周。宋应星描述道:"蜀中石山,去河不远者,多可造井取盐。"造井均由专业"井匠凿之"。凿井先相地势。明代射洪人马骥所撰《盐井图说》云:"凡匠民相井地,多于两河夹岸,山形险急,得沙势处。"以全川而论,当时皆以"简州仁寿为盛,民赖其利。"所凿的井当是明人所称的"竹井",而非湮没殆尽的传统大井。竹井盛行的原因,马骥《盐井图说》认为,"先世尝为皮袋井,围径三、五尺许,底有大塘,利饶课重,工力浩巨,非一载弗克竣。今皆湮没殆尽,不可考。民循故业以纳课,率多从竹井制。"

四川凿井工具,有铁钎,钎有钎头,如遇钎头坠落,或遭淤泥阻塞,亦有专用工具捡取,"其法亦巧","为器亦异"。如搅镰、铁五爪、檀子钎、搜子、漕钎、刮筒、吞筒,等等。明代川民使用各种造井工具,可以开凿深百丈以上的深井。

■ 开中法

明代沿袭宋制,行开中法。该法始行于洪武三年六月。据《明太祖实录》洪武三年六月条记载:"山西行省言:大同粮储自陵县、长芦运至太和岭,路远费重,若令商人于大同仓入米一石,太原仓入米一石三斗者,给淮盐一引,引二百斤。商人鬻毕,即以原给引目赴所在官司缴之,如此则转输之费省,而军储之用充矣。从之。"商人于大同仓、太原仓每引入米的数量,是根据运米的脚价确定的;因系转输"税粮",所以最初的开中法不包括米价,以致官员奏疏中说朝廷可省"转输之费"。这种召商转运税粮、以盐偿付脚价的开中制度,遂成为明初最基本的开中形式。

自山西太和岭开中后,开中的范围迅速扩展。同年九月,陕西察罕脑儿行盐区的庆阳、凤翔、汉中、西凉、灵州,均"募商人入粟中盐"。十一月,诏令"商人输米北平府仓,每一石八斗给淮盐一引"。仅据实录记载,初期开中的府州有河南、开封、陈桥仓、西安、凤翔、平阳、淮庆、蒲州、解州、陕州等数十处,开中的盐运司则有两淮、两浙、河东、长芦、四川等。随着明朝统一战争的进展,以及边方卫所的建立,开中盐粮的范围亦随之扩展,直至边徼卫所:"自中盐之法兴,虽边陲远在万里,商人图利,运粮时至,于边陲不为无补。"朝廷无力负担边卫的粮饷转运,即以盐利吸引客商上纳粮米,甚至寓居边徼的少数民族也染指盐利。宣德五年行在户部奏称:"甘州寓居回回沙八思等中纳盐粮,该支两浙盐一万一百二十五引",又"马儿丁等应支两淮盐五万二千三百引"。这可以从侧面说明,初期开中的范围和规模都相当大,成为明朝解决边饷的重要措施。

明朝施行开中并不仅仅限于边方卫所的军饷供给;此外,遇灾荒赈济或支付官

▲ 明代钱币

吏军人月俸，也采用开中纳粮的方式征集粮草。再者，明朝屡兴大工，所集工匠役夫甚多，也行召商纳粮之法，变易民间米粮。如永乐时营造北京宫室，即是明例。永乐十年两淮都转运盐使鲍浑等言："近年朝廷以营造召商中纳北京盐粮，乞仍令各处罢中，往岁所中盐者，亦令停支。"即便是两淮盐场附近的"淮、扬二府人民每岁食盐五万余引，亦宜暂停，候北京罢中，然后给支"。由此可以想见明廷行开中法，都是应朝廷急需所采取的临时性筹措粮草的措施；除赈济、大工不论外，仅明朝边卫军饷，其常规供应粮草当出于屯田子粒和民运或官运税粮，开中盐粮乃是边方卫所粮草供应的补充方式。明中叶边地屯田衰落，对盐粮的依赖才日益加强。

■ 引盐运输及其组织

明代的引盐运输及其组织详情如下所述。

1. 行盐疆界的划定

明朝开中引盐，由客商贩运到指定的府县，再由官配给民户，或由商销售。这种按地区划定销盐范围的制度，称为"行盐疆界"。行盐疆界的划定，是依据前朝的习惯以及行盐路线的便利由朝廷所确定，不同于行政区划。行盐疆界的固定化，一方面形成了以盐运司为中心的食盐销售区域化，而诸区域的合成，则构成明朝食盐运销的总体网络；另一方面，行盐疆界也反映了传统社会中朝廷的食盐产、运管制与民户户口盐配给体制的结合。从这个意义上讲，行盐疆界具有一定的法律效用，如果犯界行盐，则与私盐同罪。倘若旧有的行盐疆界有妨行盐，则必须经奏请才得以改界。

2. 盐商的活动

在开中制下，客商欲取得盐的行销权，就必须按户部榜示，在指定的仓所上纳规定的物资，然后持该仓所发给的仓勘，到所报中的盐运司进行比对，再到盐运司派定的盐场支盐行贩。这套程式，大致也与宋代相近。

▲ 古代运盐图

在边方报中上纳米粮的客商，有"本地客商"与"外地客商"之别；因其籍贯不同，所上纳的米粮额也有差异。如宣德五年四月，行在户部奏定"各处中纳盐粮则例"规定："宁夏卫仓，灵州盐课司小盐池盐。若陕西、山西所属客商，每引米麦四斗五升；宁夏卫并所属客商，米六斗。"客商纳米额的高低，显然是由于客商籍贯及居住地的远近不同所致。由此规定，可大体窥知在宁夏卫附近活动的客商，除土著外，当以陕西、山西商人为多。又有洪熙元年总兵官都督谭广奏疏所述"边卫客商中纳淮浙盐粮"情况，表明在山西大同、天成、宣府一带中盐的客商主体仍为山西客商。内地客商在西北边卫的活动，如江西商人"愿于大同、天成仓纳米，支给云南、四川盐"。按明朝旧制："云南、四川盐惟听交阯商人中支。"自江西商人告支川滇盐后，户部则允许"告者依宣府例，于大同等卫仓纳米中四川盐"。同时"仍榜示各处，一体召商中纳"。这说明：在此之前，各盐运司大体也按商人的籍贯划分一定的开中区，自从江西商人跨地区支盐后，才改变了"旧例"。如在川陕地区，至明末清初，外籍客商已占当地居民总数的十之八九，其中当有不少人是因开中法而寓居于此的。其籍贯，"湖广各籍约有五分，广东、安徽、江西各省约有三四分"，然"土著之民十无一二"。

外籍客商在边地的活动，主要是采买米粮，上纳中盐。客商买粮上纳的记载，如正统二年二月巡按陕西监察御史张政上疏边务二事，其中说："甘肃地寒，少生五谷。近日中盐商贾，多就彼买米，以致谷价涌贵。"他建议由布政司在兰县巡视，遇有中盐客商，"令他处载粮赴边上纳"。由于客商报中必须上纳米粮，所以客商多交结边镇文武官吏，谋求私利。如在辽东，正统三年三万卫指挥王崇告发辽东都指挥同知邹溶"受军士、盐商赃，卖法作奸"。这里所说的受盐商赃而卖法，无疑是指与盐商利益相关的纳粮中盐法。而盐商的投机活动，主要是"虚出通关"，即不上纳米粮也给发勘合。"虚出通关"并不仅见于辽东。在"陕西、甘肃卫仓，客商中纳盐粮，虚出通关，事觉遇赦。"至正统元年经户部议定："今宜仍行巡抚、巡按官覆勘，果纳米者，准令支盐；虚出通关者，追盐还官，庶革奸弊。"当然，随着开中法的施行，其中"奸弊"并不仅是"虚出通关"一种。

按明代报中法，各盐运司在边方开中均有固定的"仓口"。例如两浙运司，其开中边镇有甘肃、宁夏、固原、延绥、代州5镇62仓口，每岁共开中盐434769.24引。又如长芦盐运司，"中盐于边，其镇有三：曰宣府镇、曰大同镇、曰蓟州镇。宣府仓廒五十二，大同仓廒十八，蓟州仓廒十一。"商人赴各边镇报中盐引，则由官"拨派仓场，纳完米麦豆粟草束"，由各"该仓场出给仓钞、场钞实收，将收过粮草数目，申报该镇管粮郎中，随将客商报到仓钞、场钞，比对勘合相同，听商支运"。这里所说的"仓""场"，实即收纳报中客商米麦豆粟草束的仓分和场分；其中的"场"，是指各边方或腹里地区的牧马草场，官马饲养的饲料及牧马官军所需，朝廷亦采取召商报纳盐粮的方式解决。由于贮粮仓分和牧马草场收纳商人报中实物，是以开中某盐区的引盐偿付的，所以习惯称此为"报中盐粮"或"报中盐引"。商人上纳完后，"该仓出给仓钞实收一纸，底簿一扇，印封，交与本商赴司投递。""巡抚或管粮郎中查实",然后按商人"或三、四名,或五、六名,填勘合一道,给首名商人领赍来浙,投司查验"。由此可知,商人在边方上纳报中盐粮,作为支盐文书凭证,实系仓钞、勘合及盐粮勘合底簿。

在明代,支盐勘合的管理制度极其严密,规定"茶盐引由契本铜版一百一十片,俱南京户科收贮"。每遇开中,由"南京户部印刷勘合,发各边填写商人姓名,并所中米豆盐引数目,俱用印盖,不许洗改。"边镇填写的勘合,如前所述一般是按报中商人数名给填,而"每勘合一张,或填写一万引或三五千引,不拘定数。"以上即是正德二年以前勘合的基本制度。

正德二年以后,盐粮勘合制度有所改变,始见有"号纸"的称谓。按王琼《盐法议》"二曰定勘合"奏疏的记述,可知此时仅"铸造盐粮勘合铜版一片,除'南京'二字,送户科收贮。"每遇奏请开中,户部则"差官以人匠赴科印刷"。除此之外,其号纸的特点还在于"每盐五十引,印刷号纸一张,由部转发开中去处,或布政司,或都司卫分,有印信衙门收掌。"这里所说的以盐五十引为单位"印刷号纸一张",其意乃是指以盐运司实际开中的课额来统计印发号纸的张数,并不是说号纸一张仅支盐五十引。据王琼奏疏的陈述,勘合在开中的实际操作上,"每号纸一张,填写盐三、五千引,或七、八千引,或万余引,不必拘定一万引之数。"与正德二年以前相较,"号纸"之制显然比前述勘合制更为灵活。但由于号纸是按盐运司实际开中课额印制,而开中地所填写的盐引额又"不必拘定"额数,这就势必造成剩余的号纸。因此又规定:"填剩号纸,年终缴送户部涂销。"为防止利用剩余号纸舞弊,一方面规定在开中处所填写号纸时,必须"填商名贯址,并米豆、盐引数目,俱用印钤盖,印色如法制造,毋致脱落,因而洗改字样";另一方面则加强对"底簿"的管理,"置内外号半印勘合底簿二扇,内号一扇户部收掌,外号一扇发运司收掌。商人赴边纳获勘合,投到运司,比对外号;运司派盐完毕,将勘合类缴户部,比对内号,又与各边岁报钱粮文册磨对有无相同,然后注销。"勘合制度,不仅反映开中制下商人中纳盐粮的过程,同时也说明朝廷对盐粮交易管理的具体运作,以及控制的强化程度。

■ 票盐行销

与引盐制不同的是票盐。票盐仍属于官盐,是引盐的补充形式。明朝后期,在两浙、河东、山东、四川、云南、福建、长芦等盐运司、提举司,均见有票盐行销。因各地票盐行销的原因、基本制度及行销状况有较大差异,下面以两浙为例进一步说明。

明代票盐,始行于嘉靖十六年两浙运司。据李卫《(雍正)两浙盐法志》卷3《沿革》引《浙江通志》记载,"嘉靖十六年题准:两浙官商不到之处,立为山商。""山商"行盐,持"票"不持引,故称为"票商"。票商是与引商分立的商人群体。票商行盐,其制如引盐,亦划定行销区域。两浙票盐区,计有铅山、弋阳、贵溪、永丰、清江、昌化、浦江、武义、东阳、义乌、汤溪、永康、建德、桐庐、寿昌、庆元、宣平、缙云、景宁、云和20县,"每程一张,纳银六钱"。此外还有余杭、富阳、临安、新城、嘉兴、秀水、嘉善、崇德、

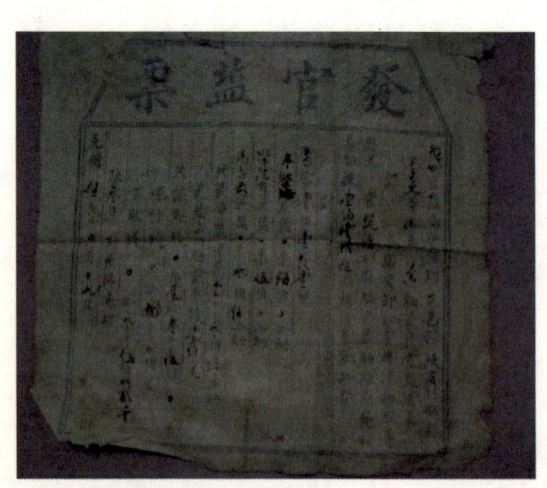

▲ 古代票盐

桐乡、德清、武康、诸暨、新昌、嵊县、奉化、泰顺、青田等17县，"每程一张，纳银三钱四分"。票盐除行销边远县份外，"其余坐场县分，容令灶丁肩挑易卖。"两浙36盐场，分布于仁和、海宁、海盐、平湖、娄县、金山、华亭、上海、萧山、山阴、会稽、余姚、慈谿、镇海、鄞县、象山、宁海、太平、临海、乐清、瑞安、永嘉等22县，连同上述票盐行销县共为59县。至隆庆六年题准："宁波府所辖五县，松江所辖二县共一十四场，俱无住卖商引，又未议行票盐。令佥选牙埠，置立簿票，每票一张，照盐三百斤，纳银一钱二分。"由此证明两浙盐场所在县，均属票盐行销区。

浙江票盐出现的原因，系由黄岩、杜渎、长亭等场盐搬运之难。因"官商不通，而盐课如故，灶丁穷绝，私贩盛行"，于是经李遂奏准，"令沿海灶户军民于三场贩盐者，委官在中津桥、海游、石马林、白峤等总会处所收税，不分船装肩挑，每百斤税银二分，给票到干白水溪、清溪镇，宁海县委官收票发卖。"李遂奏行的票盐法，允许灶户、军人、民人参与盐的贩运，只是在交通要道设官收税而已。贩盐人纳税给票，最终则由票盐行销区的地方官"收票发卖"。这里所说的票盐，当系官票盐无疑。票盐施行的结果，据万历四十六年杨鹤奏疏，知共得票盐税银14450余两，当行票盐72250000斤，折合小引盐361250引。

票盐的种类和税银，嗣后多有变化。嘉靖二十年，从巡按监察御史高封奏请，改为"一票为一引，每票盐三百斤，每百斤纳银一钱"。然当时票盐分为大、中、小票，税银当不一致。据万历二十年两浙盐院牛批台商金季、王环等呈词的批文，知两浙中津桥票盐，嘉靖时每票税银9分，此说与《浙江通志》相同。至万历十九年，票盐上则每票税银0.2两，中则每票0.16两，下则每票0.15两。同时规定，每票净盐300斤，外加包索30斤。大、中、小票可以折算。以《萧山县分改中票》为例，该县原行小票7090张，因"票税赔败"，遂将小票之"一半折中票二千三百三十四张"，每张"征税四分五厘，计税一百五两三分"。依此推算，小票每票为盐100斤，中票150斤，大票仍为300斤。小票分为"通商小票"和"肩挑小票"两种，税银均为0.03两。"通商小票"所行系商贩之盐；而"肩挑小票"则是指"诸色细民，皆得纳银给领"的票盐。

除上述票盐外，两浙功绩盐，亦被纳入票盐之列。"功绩盐"又称"囚盐"，即系"各属捕获私盐"，此种盐由两浙运司给票销卖，其性质与前述票盐稍异。万历九年前，功绩盐由府州县官按季申报运司，由"认下则额引商人纳领"，说明此项盐原属引盐系统。至万历九年，由票商吴天弼等呈请，将华亭、上虞二县"捕获囚盐，照依原定价值，每百斤预纳价银二钱五分贮库，每盐三百斤，加包索十五斤，呈给宪票一张，印发赴县支领"。功绩盐给票行销，最初仅"运往青浦县住卖"；此后，行销范围日渐扩大，盐价各不相同。尽管"各府县私盐俱定每百斤价银二钱"，但湖州府归、乌二县，苏州府太仓州、吴江、常熟县，绍兴府诸暨县，每百斤价银为0.25两；温州府及温州卫所、永嘉县巡司，每百斤价银为0.12两；台州、金华、严州、温州、处州、苏州、常州、镇江等县，"时值价银纳买，各著为定例"。

■ 户口盐的配给

按明人的记述，明朝盐的生产与行销的根本原则，是按州县的人口统计及其他需要，来确定实际生产定额和行销引目。这种制度，称为计口给盐制。

以户口及需要决定盐产定额的例证，仅以明初新开盐井即可说明。洪武五年，户部奏言："四川盐井计一千四百五十六，已开煎三百八十,其未开者一千七十六处。遂命会计各郡邑军民岁食及盐马司市马岁额之数煎办,余井并塞之。"统计军民岁食,就是实行计口给盐,而盐马司与西蕃市马所需之盐数,则是朝廷的特需,除此之外,多余的盐井是不准许投入生产的。

在盐运销方面,也贯彻计口食盐原则。"旧制:凡行盐地方,该运司备查州县里分,岁用食盐若干,开申巡盐衙门,照数批行,运司填给水程,行令各商前往行盐地方发卖。卖完之日,则引目一并缴部存查。"计口食盐制度,在明代经世名臣看来,似是朝廷盐业政策的准则。用嘉靖六年巡按直隶监察御史戴金的话说,"查行天下运司额数多寡,虽因地产以为之等第,实计地方户口食盐之数以为之准则。"这个"准则",就是"以一年之额数,应合地方之实用"。戴金说:"今两淮运司食盐地方,当天下四分之一。淮南自南京以至徽、宁、池、太、江西南昌诸郡,至湖广一省而止;淮北至庐、风、淮三府至河南南阳为界,以一年之额数,应合地方之实用,众寡之间,尚若有不及焉。"如果说户口食盐之数确是明代朝廷行盐的"准则",那么,由于户口的消长,就要求明廷不断地勘实户口,更改行盐旧额。这一点,似乎为历朝朝廷所重视。洪熙元年,"上谕行在户部臣曰:计口给盐,以米输官,口既耗减而犹准旧额征米,是厉民也。即令有司勘实纳册,毋拘旧文。"至万历时,行盐"仍审地方大小、户口多寡,核实造册关支"。

明朝户口食盐配给制的原则,是按大口、小口配给不同量的食盐;大口、小口

的配给量，又依官吏、军人、民人的身份地位不同而有所差异。按顾炎武的记述，"盐口之税，每吏每口十二斤，市民六斤"，"乡民二斤二两五钱"。口食盐标准，据永乐二年七月都御史陈瑛的奏疏，永乐以前，"以天下通计，人民不下一千万户，官军不下二百万家"，而军民户口食盐，不论男女，均以"十五岁以上为大口"，"十岁至十四岁为小口"；食盐标准是："大口月食盐二斤"，"小口一斤"。陈瑛认为民户食盐标准过高，奏请减为"大口年支盐十二斤"，"小口年支盐六斤"。永乐后，随着户口的增长，特别是户口盐制度的衰败，各地民户支盐额也随之下降。例如潮州府户口盐，按其规定，"每岁每口坐食盐六引（斤）。"而在漳浦县，"民男女皆食官盐，计凡男成丁女成口者，岁给盐三斤。"可见各地户口盐实际支给定额也有相当大的差距。随着户口盐制的崩坏，民户户口盐实际上已无法官给，户口盐所偿盐价，转化成田赋附加部分。

　　明廷对天下食盐人户，要求交纳盐粮或盐钞，以代盐价。在明前期，市民"每斤纳钞一贯"，乡民"每斤纳米四升三合二抄五撮"。所征收的"盐粮"，因并入民户夏税秋粮带征，故又称"盐米"。例如在陕西，"陕西民田亩输粮一斗，复征其盐米六升。至是上闻之，谕省部臣曰：陕西民田既输税复征其盐米，是重敛以困民也。自今止收正粮，除其盐米。"但在山陕，户口食盐米的征收并未因太祖谕令而中止。洪武十三年开始征收大同、太原户口食盐米，大口为二升，小口一升。除盐粮米外，还有以地方土产代纳户口盐价的。如洪武初殿中侍御史唐铎言："福建户口食盐，每引收银十两，或钱一万二千，民难于办纳。请自今以土产物代输为便。从之。"永乐二年，因钞法不通，经都御史陈瑛奏准，改天下户口纳米法为盐钞法，规定"大口月食盐一斤，纳钞一贯，小口月食盐半斤，纳钞五百文。""九岁以下为幼儿，免征钞。"经户部群臣会议，"皆以为便"。于是以疏通钞法为目的的户口盐钞制遂推行天下。

■ 食盐的市场销售

明代食盐的市场销售情况如下：

1. 盐店与铺户

在户口盐制下，天下民户食盐，均由地方府县官府给散征价，这可称为官卖盐。随着明中期内监、织造、王府、势要官吏奏讨盐引，以及官盐生产体制的失败，遂由府县级官府卖盐转向皇店、官店的盐销售。其销售盐的主体，当是奏讨盐及私盐。

明代势要人的贩盐牟利，最初的形态是依靠地方官府。例如成化二十一年十二月，内官熊保奉命往河南，以鸿胪寺节俸右寺丞黄钺等20人自随，道出兴济县，"多载私盐，强抑州县发卖。"太监势要人贩私盐谋利，还见有委托商人所开盐店销售私盐的。如正德年间，南京"下关盐经纪洪大老有信行，家甚贫"，适武宗南狩，"一太监有私盐十余船，托洪卖之，卖尽，复往仪真买来，遂得利千金云。"此类记述，明人著述中最为常见，想必是社会普遍现象。

明代王府所开盐店，是显贵直接参与盐销卖的又一例证。记述王府盐店最详的是万历二十五年户部主事洪其道的奏疏。按他的描述，在万历十二年，潞王朱之国"借赁成国公朱鼎臣、锦衣卫指挥钱世龙所开盐店二所"。至十七年，潞王将其盐店归还，自己"仍开盐店"，后又"奏讨八店，招商囤盐"。这至少说明在明代后期，由王府及达官显贵开设的盐店即已不在少数。他们开设的盐店，既然是通过"奏讨"盐引，自然享有销盐的特权。但其盐店的性质，按户部主事洪其道的说法，"两家盐店乃民店，非官店也。"之所以称之为"民店"，大概王府盐店是采取"招商囤盐"的经营方式，表面上是由盐商经营，实际上业权属王府，为王府营利，这自然不同于地方有司官府开办的盐店。此外，"招商囤盐"一语，从字面理解，似具有大量收买民间盐商所运盐货，囤积沽卖之意。如果是这样，王府盐店实际上已具有替代地方官办盐店销盐的性质。

民间盐商经营的民盐店，或称"民店"，自弘治户口盐法失败后，得到迅猛发展。谈迁《枣林杂俎》智集记述"市商盐"的情况。云："弘治以后，虽计口收钞，惟王府及达官支盐，而司府吏民，皆莫或日运支，第市商盐而食。故民虚纳银于官，复市盐与商，官收倍利，民获二害。"其中所说"第市商盐而食"和"市盐与商"二语，殊值注意。这无非是说，自弘治以后，户口盐支给仅限于王府及达官要人，其他官吏以及天下军民人等，都是通过市场取得食盐的；而民需食盐，显然是向盐店购买的。据万历年间的官方统计，"今天下盐商不止数万家，天下盐店不止数万处。"商盐店所销之盐，不独商盐，还有官盐。例如"河南所属地方，向有堆卖官盐民店。"据此可知，在各布政司所属府州县，大概都存在这种"堆卖官盐民店"。

以上所说的"盐店""民店"，当是盐商售盐的场所；而经营盐店的盐商，在朝廷看来，则是由官府佥派的铺户。承充铺户的人，当是本地殷实富民，属役的范围。如两淮"铺户之盐，无地消遣，官商征价，破产包赔。且报充之时，有力者皆夤缘脱免，淮中人之家，乃身任此役，其为累盖百余年矣。"两淮地区所佥的铺户役，大都是中产之家；有权势的富裕户则千方百计逃脱此役。因铺户多是佥拨本地人承当，故又称为"土商"。《明世宗实录》"嘉靖四十年九月甲午"条，记录两淮、河东行盐地方运、销分工的情况说："宜按道里远近，户口多寡，分上、中、下三则，某府几何，派定成数，令各商运盐，分投某地，有司责土商转卖。"在这里，"土商"具有"铺户"役相同的性质。因为明代官佥"铺户"的任务，一是转运盐货，二是拆引盐之包为零售盐。正因为如此，铺户亦分为"接盐铺户""拆盐铺户"两种。据《明穆宗实录》"隆庆三年七月壬辰"条的记载，"佥选富民，为接盐铺户，听其承买转贩。"这显然是指"土商"。而"拆盐铺户"，如嘉靖十三年户部复两淮巡盐御史陈缟疏陈说："淮扬所获私盐，许令各于本处鬻卖，如私盐之外额引不及，照旧设立拆盐铺户，于两淮批验所领买官盐，散各州县，以资日食。"陈缟的奏疏已经表明在两淮地区，其额引与商卖缉私盐即"食盐"的销卖已划分为两个系统。额引即系万历年间成立的所谓"纲盐"行销区，而"食盐"则是盐场附近州县的行销区。由于纲盐与食盐的分立，所以官佥铺户也划分为"接盐铺户"与"拆盐铺户"，前者多系江西、湖广诸行盐销卖区接买水客盐的铺户，而后者则是于盐场附近州县散卖拆盐的铺户。

佥充铺户，具有强制性。庞尚鹏《清理盐法疏》说："查得各商（指水商）掣盐之后，运赴各州县地方，不能亲卖，即有司查报殷实之家，督令承买，随便转贩，而先以盐价给商人，谓之拆盐铺户。""接盐铺户"的佥充对象，也是由盐运司移文当地府县，择选殷实铺户承充销盐之役。如《明神宗实录》"万历十五年九月辛卯"条记曰："运司移文二府，佥报殷实铺户，纳银给票，运回拆卖。"在都市中，卖盐铺户也由官府佥拨"驯善市民"充当。万历二十一年两淮巡盐御史綦才《条议盐法事》记曰："佥驯善市民，充铺户。令将水商运盐，接买收囤，以便细民。"除接买水商运盐拆卖外，在京师，还见有铺户商人自己运盐销售的："京盐系商人各自领引运京，照依时价发卖。"由于京城盐业铺户甚多，且有地位高低和财力大小之别，于是"在京议立长芦馆，按股挨卖，名曰轮勾"。北京铺户实行按股份大小轮流运销盐的"轮勾"

之法，目的无非是防止"强梁多卖，良懦少销，苦乐不均，课欠累累"的现象发生。仅此数语，即表明市镇中的铺户与官府依然是商盐课税的关系。而在明廷的强制性佥拨铺户纳课行盐的销盐体制下，正因为承充者多系"驯善市民"，自然摆脱不了"课欠累累"的命运。

万历行纲法后，铺户的经营范围有所扩大，并不局限于"接买"和"拆卖"。据袁世振《盐法议九》记载，由盐运司"备行各属，佥报铺户。先令备完价银，前赴运司，遵照刊册，序买边引，每引价银以四钱为率，亲自下场关支，装运出场，不必随单赴掣"。为吸引铺户参与收买边引，以替代困弊的内商，不得不将下场支盐及掣验权交给有力的铺户，而铺户一旦收买边引，也就必须上纳余盐银。关于此，《盐法议九》也有所记述："凡遇铺户纳完余银，每引皆以六钱为率，验过库收，方与掣放，纳完割没，方准开行，仍于每引比照江南六县，量加斤数，使其所卖足偿本外，均有利息。"袁世振以盐的巨大利益，力图吸引其行盐地的铺户投资于盐业，对于旧有的边商、内商、水商的行盐体制及组织有所冲击。但由于铺户资本有限，而纲法是从根本上确立窝商的地位而不是否定内商，所以铺户也很难成为明末盐商的主体。随着时间的推移，大部分铺户纷纷破产，只有少数铺户沿为清代散商。

2. 牙人与牙行

明代盐商的交易，均由牙人说合，牙人则提取佣金以营利。由于盐货为官府所控制，牙人也由官府佥选，给有牙帖。官选牙行的例证，如万历《重订两浙鹾规》卷2《票商·太仓州议禁事款》"一、限选牙铺以甦商困"条记载："商盐到州，分发必由牙行、铺户，察其谨实而保举。"在官府看来，所有经营盐业的牙行和铺户都由官府审定，充当牙行的牙人，也要有人保举，"不许私自朋充，或不由保举而私开铺者。"在这样的牙铺制下，太仓州共"佥铺户四十名，牙行三名，每铺限销盐四十余引"。牙行、铺户一经佥选,则由官给帖,开始从事议价、说合、分发盐货,甚至代官府收税等经营项目。这种由官给帖的牙人,即称为官牙。万历十一年两淮巡盐御史任养心《条陈盐法四事》中的"禁革牙行"条,就极言官牙之弊。在"淮南、淮北二(批验)所,被积棍给帖充行,科敛商人,派取供应,每岁吞噬,不啻万两"。所以,他主张"于各衙门首竖立木榜,通行严禁"牙人的活动。但牙行的存在,有一定的历史合理性,并不是一道榜文所能取缔的,特别是任养心疏中所说的"给帖"官牙。且不论官牙与官府的关系如何,仅从明代盐的行销过程,即可明了官牙存在对官府的意义。前述《重订两浙鹾规》卷3《给商追盐价单式》所载钦应巡按浙江等处监察御史胡颁式中,即严格规定:"凡行盐地方,印官将票用印给商,运到本县住卖。引、票盐验明,着令官牙照依明价,分发各官铺户领卖,遵照宪限还价。如有侵欠,许商照数开明,执票禀所在印官,仍同宪单按季呈报运司转详。"

在盐的销售即与消费者的关系方面,官牙与官铺户无疑是站在官府的立场,并成为官府掠夺食盐消费者利益的工具。不仅如此,由于官牙掌握和操纵食盐的价格,同时又具有分发盐货,并以官府的名义按限还价等经营特权,这就容易产生如任养心疏所说的"科敛商人"的现象,但运商和铺户商人所受到的损失,最终会转嫁到食盐消费者的头上。

▲ 明代牙牌

除票盐外，引盐在府县发卖，也必须通过"牙铺"进行。究其原委，正如万历四十五年两浙巡盐御史胡继升行置设宪牌所说："住卖引商，原非土著，与该地方居民素未熟识"，引商所运引盐欲在县发卖，"贫富藉惟牙铺居停易价"。引商多系外地客商，故"多为积棍负骗"。引商无利可图或亏本而归，自然就会影响引盐的销卖。于是由"商人十名，保举牙铺十名，共递一保，结领状帖充当，所以重商赀也"。地方官府也采取保举牙铺给帖的形式，以保护外地客商在地方县的引盐销卖。如前所述，引盐的行销均有定额，特别是在户口盐制下，卖盐还价，乃是地方官职掌之一。地方官府通过佥选官牙的形式，调节运商与铺户的盐交易关系，而官牙的"居停易价"，多少也受到官府的节制。

　　由于引盐、票盐以及附带余盐在销售过程中均须通过牙行完成，所以商人在卖盐时也必须按其销售的引数上纳"牙税"。如长芦盐运司在"昌平、房山、良乡、顺义、怀柔、密云、延庆七处之盐，先年俱在通州发卖"。按"前明定额，每引纳牙税二分一厘六毫，小余盐银五毫，共二分二厘一毫，年终汇解"。由于上述七县盐均在通州发卖，民人买食不便，后又改为由商人在昌平等七县内自行发卖，"不纳牙税"。万历时，该七处之盐，仍听商运，但"其牙税责令运司征解，每引仍征收牙税并小余盐银共二分二厘一毫。运司征收，各造卖过引数并收过银两，一总解部济边"。承当行销引盐的商人按引向盐运司交纳牙税的做法，当不仅限于长芦运司。

第三节　明代扬州的盐官与盐商文化

■ 明代扬州盐官

明朝的扬州仍是两淮盐业的运营中心。元至正二十六年，朱元璋攻占张士诚所据的泰州、淮安盐区，占领两淮盐场，遂承元制，于扬州置两淮都转运盐使司，征收盐课，筹集军需。是时，明朝两淮都转运盐使司衙署位于今扬州国庆北路255号。两淮盐运使衙署直属中央户部，担当运使之职务名为三品，实际多由二品甚至一品大员担任。同知一人（从四品），副使一人（从五品），制官若干人（从六品）。下属机构有经历司，设经历一人，知事一人，库大使、副使各一人；所辖各场盐课司大使、副使，各盐仓大使、副使，各批验所大使、副使各一人。

在扬州两淮都转运盐使司下设泰州、淮安、通州三个分司。泰州分司治所设于泰州东台场，淮安分司治所在安东县（今江苏涟水县），通州分司治所在通州（今南通市）。分司的盐官，主要由都转运盐使司的同知、副使、判官担任。分司是盐运司的派出机构，直接管辖各场盐课司。明代两淮共有三十个盐场，每场设盐课司统辖。

此外，明代在两淮盐区还推行御史巡盐制，巡盐御史主要负责监察盐政事务。两淮巡盐御史统辖淮南、淮北两个批验盐引所。淮南批验盐引所设在扬州仪征，淮北批验盐引所设在淮安。两淮巡盐御史衙署称为盐漕察院，亦称扬州盐院、扬州使院（原址在今扬州汶河路皇宫广场）。

两淮盐运司署内设机构多至十九房，盐商领引办运，文书辗转，至十一次之繁，要经过大小机关十二处，节节稽查。

■ 明代扬州盐商

据历史文献记载，扬州盐商原籍为陕、晋、徽等地，在明代以前，仅是单个零散的，尚未形成商帮。扬州盐商作为社会一个重要的经济成分，与明代商品经济的发展是分不开的，特别是明初开中制的实行为扬州盐商作为商帮的兴起提供了历史发展的平台。

明初，食盐的运销方式存在着户口食盐法下的官运官销与开中制下的商运商销并行的局面。

1. 明初的开中制度，为扬州盐商作为商帮兴起提供了历史契机

明代的开中制度源自宋元时代的"入中"，是为了军事目的而创制的一种招商代销制度。是时，朝廷官府直接控制着盐的生产和掌握着盐的专卖特权。在一定时期，根据边防军事需要，定期或不定期放榜招商，应召商人必须把朝廷需要的实物义务地输送到边防卫所，以获取贩盐的专利执照（盐引）。之后再凭引到指定盐场支取相应量的食盐，并在指定的区域范围内销售，这套制度在历史上称为"开中"。开中制的本质是商人以力役与实物向朝廷换取食盐的专卖特权。具体内容包括纳粟、纳马、纳铁、纳帛以及纳草等多个项目。明代巡盐御史朱廷立撰写的《盐政志》卷四记载："洪武二十八年，各处边防缺粮，户部奏请开中纳米，定为则例，出榜招商。""正统三年，令灵州招商纳马中盐，每上等马一匹一百二十引，中等马一匹一百引"。"纳铁中盐行自陕西都司所属四十卫所。每岁所造兵器及备处补造，需铁甚多，俱派给民间，深为民害。至宪宗成化九年，从巡抚陕西都御史马文升之请，乃行"。"正统九年，因辽边需布之故，乃令山东官台场盐课每引纳布一匹，运赴登州，备辽东支用。"以上史料分别为纳粟、纳马、纳铁、纳布的例子。纳草始于景泰中，于密云、隆庆仓、古北口"减纳粮米、兼施草束"，其后又推行于大同、宣府、偏头关及榆林诸地。可见开中制度乃是封建官府同商人之间的一种以物易盐关系。其中纳粟开中是主导形式，其余只是出于临时需要，且仅限于局部地区。

明代开中制肇始于洪武三年，明代最早开中之地在山西大同镇。开中制度可分为报中、守支、市易三个组成部分。

"报中"为商人按照榜文要求的开中项目，将军需物资供应驻军，从官府领取盐引。这是官商之间盐粮贸易的第一步。原则上，凡有驻军的地方都须报中。永乐以后，鞑靼、瓦剌相继兴起，北部边防紧张，极需重兵屯驻，故报中地点逐渐集中到辽东、蓟州、永平、密云、昌平、易州、宣府、大同、山西、延绥、宁夏、甘肃、固原等所谓"九边"地区。

"守支"就是商人完成报中后，持引到指定盐场守候支盐。明代在全国各产盐区设立两淮、两浙、河间长芦、山东、福建、河东等六个转运司和广东、海北、四川等七个提举司，各盐场分属其下，灶户生产的盐全部收归官仓。规定商人必须凭引到指定盐场兑盐。"引

▲ 明代盐罐

者，盐之文凭也。"（乾隆《两淮盐法志》卷2）洪武年间，盛行大引盐，一引可兑盐400斤，后来改为一引兑盐200斤，遂为定制，无引支盐或越场支盐皆为私盐，必惩之。

"市易"是商人将盐投入销售市场，并转化为货币盈利的商业行动。但售盐必须在指定范围、在封建官府的严密监督之下进行。

同开中制度相联系，明初九边地区还广泛存在着商屯。

为满足边防报中之需，盐商不但手中必须随时准备大批粮食，而且必须把这些粮食直接输送到边防卫所。因此，为了避免采购粮食的麻烦和减少运输费用，盐商多在九边地区募民垦田，从事粮食经营，史称"商屯"。明代初年，"富商大贾，自出财力，自招游民，自垦边地，自艺菽粟，自筑墩台，自立保聚，所以岁时屡丰，刍粟不亏"。

商屯的盛行是同明初社会经济发展水平相适应的，与军屯、漕运一样，是边防军需的三大主要来源之一。因而明人有关盐政著作中大多称颂它的种种好处。如《刘文节集·盐政考》中指出："商人自募民耕种塞下，得粟以输边，有偿盐之利，无运盐之苦，便一；流亡之民，因商召募，得力作而食其利，便二；兵卒就地受粟，无和籴之扰，无浸渔之弊，便三；不烦转输，如坐得刍粮，以佐军兴，又国家称为大便。"华钰《盐策议》中道："朝中暮支，价平息倍，商乐转输，边免飞鞔，士饱马腾，缓急有备，策至良也。"可见这一制度确曾在历史上发挥过重要作用。

在开中和商屯制度下，商人资本的活动必须通过以下环节：①商屯（经营土地，生产粮食）；②报中（输粮赴边，换取盐引）；③守支（凭引下场，官仓支盐）；④市易（市场售盐，换取货币）。所以，明初开中商人的特点是：

（1）在资本的运转过程中，粮食既是活动的起点，又是活动的终点。是时，商人的财富积聚还是以实物体现出来的，尚未转化为货币资本的形式。

（2）一般都兼营商屯，身兼地主、粮商和盐商三种身份，还不是完全意义的盐商。

（3）由于报中地点在九边，因而盐商主要由沿边土著组成，其中秦、晋籍的富户逐渐垄断了报中特权，成为明代最早兴起的地方商人，也是明代最先入驻扬州的"扬州盐商"。

（4）以粮易盐的交易活动只能通过封建国家的中介进行，商人资本的活动仍被严格地限制在盐的运销领域。

（5）开中商人作为封建国家的代销商，必须集报中、守支、市易三项业务于一身，往返奔波于报中地、产盐地和行销地三者之间，不利于利润的增殖。但应该看到，其实商人从领到盐引到场支盐并向固定的行销区销盐之时，"输粮于边"的商人身份便发生了改变，成为专以销盐为主的官盐商。此后，随着开中制涉及范围的扩大，这样的盐商在不同地区纷纷出现，改变了商人业盐人数少且分散的情况，纵横于明清两代盐业的扬州盐商商帮至此形成，盐商专卖特权也由此建立。

2. 明中叶，势豪占中与内商、边商的分化

明初，禁止公、侯、伯以及文武四品以上官员及其奴仆、家人开中盐粮，侵夺民利。以后，这一禁令有所松弛。明中期以后，开中制度显示出日趋崩坏的迹象。每遇开中制之时，权豪、势要之家便诡名请托，占窝专卖，商人不求于彼，无路中纳。势豪占中是导致开中制崩坏的重要原因，而扬州盐商中内商、边商的分化则是这一变化的历史产物。

开中制以封建国家拥有盐利垄断特权为前提，势必引起特权阶层

要求利益均沾。官僚显贵、势豪奸绅，上下勾结，纷纷卷入到这场逐利活动之中，成为开中商人的重大威胁。《续文献通考》卷20载有成化二十二年诏令："令各边开中引盐、粮草。俱不许势豪及内外官员家求讨占窝，领价上纳，令巡盐御史纠举。"这些占中的势豪采取了种种舞弊形式，他们中间有的"令家人子弟去买那不堪米麦上纳的；有自己不行上纳，转卖与人的；及转卖之人，先用纳轻过多，却称斗头太重，具告官府，因而减数上纳的"。《明史·食货志》载孝宗时，外戚受商人谭景清委托买补残盐竟达百十万引。两淮是全国盐利最为优厚的地区，自然成为觊觎的焦点。明代中期历史上出现的所谓"盐壅"局面，绝大多数都是由占中造成。正德末年，淮盐三大壅就是其中规模最大的。到了嘉靖年间，扬州盐商已经无利可图。正如一份奏疏中所提出的"盐商六难"：（1）召巢之难——开中不时，米价腾贵；（2）报中之难——势豪大家，专擅利权；（3）输纳之难——官吏科罚，吏胥侵索；（4）守支之难——下场挨掣，动以经年；（5）取赢之难——定价太昂，息不偿本；（6）市易之难——私盐四出，官盐不行。在这种情况下，明王朝不能不考虑在盐法制度上进行一定的改弦易辙了。

由于势豪占中，盐商持引来场支不到盐，又有挨掣长达数十年之久的，这些严重地影响了边防军需的供应。明初，为防舞弊，本来只准本场亲支，后来因为盐商几十年支不到盐，年久物故，封建官府不得不继续承认其家属有支盐权，子侄代支的现象在宣德年间已逐渐普遍化。于是，扬州盐商坐食盐利，贩盐活动委托别人代理，从而引起了盐业经营方式上具有深远意义的变革。虽然当时伙支、卖支仍属查禁之例，但不论合法也罢，非法也罢，此风一开，已是不可收拾了。

兑支即允许越场支盐。由于淮、浙等主要盐场的贮盐被势豪请乞一空，而且存积法行，常股大壅。扬州盐商大多求改支山东、河东、福建、乃至广东、云南等边远产盐区。非原报中地区，一引兑于二引，量地远近，中半关支，这样支盐的地域界限完全被打破了。

兑支、代支乃是单一的开中商人分化为边商、内商等不同商种的历史开端。兑支的实行决定了这一分化的必要性，而代支的实行则决定了内、边商分化的可能性。专以售引、报中为业的商人称边商，而专以守支贩盐谋利的商人称为内商，这种分化是中国盐法史上的重要事件。专以报中、售引为业的边商成了粮商和引商，实际上脱离了盐业经营。而摆脱了报中义务的内商则从土地与粮食经营中游离了出来，专事守支、市易等贩盐活动，成为专业的盐商。

3. 明弘治后边商日趋衰疲，内商则日臻兴起

明弘治以后，随着开中危机的进一步加深，边商日趋衰疲，内商则日臻兴起。促成这一变化的除了势豪占中之外，还有两个重要因素：一是开中折色，二是余盐开禁。

开中折色是以纳银解部代替纳粟开中。开中折色的原因非止一端，它既是解决财政危机的历史必需，又是明朝商品货币经济发展的必然结果。明代开中和屯田都是保证边防军需的主要来源。自瓦剌崛兴、河套失守以后，屯田渐趋全面崩坏，形成了"戍卒多役于私家，子粒不归于公廪"的局面，从而更加强了对开中的依赖性。但由于占中盛行，招商开中日益困难，加上存积法实行之后"内商之盐不能速售，边商之引又不贱售，报中寝怠，存积之滞遂与常股等"。在财政危机的压迫下，改革盐法遂成了必然的趋势。但是促成变法的最重要因素还在于明朝商品货币经济的进一步发展。明中叶以后，货币已取代实物成为社会交换的主要形式，各个经济领域内陆续出现了折色制度。官营盐业作为封建经济的重要部门之一，当然不能不受到它的影响，尤其自代支、兑支实行以后，内商迫切需要运用货币作为进行盐交易的主要手段。

变法的主要倡导者叶淇就与淮安盐商（主要是内商）关系十分密切，因此这场变法乃是种种复杂因素错综交织的历史产物。

开中折色正式实行于弘治五年八月。"成化间始有折色纳银者，然未尝著为令也。至是，户部尚书叶淇，淮安人，盐商皆其亲识，因与淇言：'商人赴边，纳银价少而有远涉之虞，在运司纳银价多而得利办之利。'淇然之。内阁徐溥，淇同年最厚，淇遂请召商纳银运司，类解太仓，分给各边。每引输银三四钱，视国初米值加倍，而商无远涉之苦，一时太仓之银，累至百余万。"从此，折色盐和本色盐就成为同时共存的两套平行制度，并首先在两淮盐区推行。但是，这场改革并未能贯彻到底，因为它虽然使国库增加了大批现金收入，却直接摧毁了商屯，影响了边疆卫所的粮食供应，因而遭到了许多人的反对和指责。它造成了"商屯撤业，菽粟翔贵，边储日虚"，"储商垦田塞下，悉撤业归，西北商徙家于淮南以便盐。而边地为墟，粟踊贵，石直五两"等一系列严重后果。

商屯解体的后果是，边商中的豪商大贾纷纷改业内商，残留的边商资力日疲，"西北之大贾皆去，土著之资本能几何"，仅靠贸引谋利的边商不能不仰承内商的鼻息，而内商坐场掣盐，资本增殖很快，后来索性把市场销售工作委托代理人经营，或转售引与他人。这样，内商中又分化出一种水商。所谓水商，就是专门为内商转贩、销售的小商人。边商、内商、水商的分化反映了报中、守支、市易三者已有了明确的分工。万历《扬州府志》卷11对此记载甚详：边商——多沿边土著，专输纳米、豆、草束中盐。中已，所在出给仓钞、勘合以赍投运司，给盐引。官为平引价，听受值于内商而卖之；内商——多徽、歙及山、陕之寓籍淮、扬者。于边买引，下场支盐，过桥坝，上堆候掣，亦官为定价，以转卖于水商。水商——系内商自行解捆者什一，余皆江湖行商，以内商不能自贩，为买引代行，官总共盐船数给行程，于行盐地而贩鬻焉。三商之中，内商具有支配一切的地位，它逐渐控制了整个食盐的运销过程，成为明代扬州盐商的主体。

余盐开禁标志着商、灶间直接购销关系的建立，它反映了封建国家对生产控制的日渐松弛与灶户的部分人身解放，从而动摇了开中制赖以存在的基础，引起了盐业运销领域一系列新的变化。

明代的官营盐业包括盐的生产和盐的运销两大部分。官府掌握着全部制盐业的生产资料，同时拥有对制盐劳动者（灶户）的人身支配权与产品占有权。灶户世隶灶籍，不准转业，也不准逃亡，只能依靠封建官府给予的微薄"工本"过活。灶户不但必须按时将规定数量的正盐上交官仓，而且超额生产的余盐也必须全部交官，个人无权处理。这种灶户身份上完全依附于封建国家，乃是一种同农奴性质相类似的封建工奴。明中叶以后，由于制盐技术的提高和进步，盐产量有了极大的增加，余盐官收制度日渐成为生产发展的桎梏，贫穷的灶户希望自由出售余盐以改善本身的处境；困于占中、正盐难掣的内商也渴望直接买进余盐，以转售谋利。在这种情况下，余盐开禁就成为势所必然的了。

余盐开禁之后，正盐苦于占中，利薄难支，余盐则购销方便，容易谋利，因而商人对购买正盐越来越失去兴趣，这对边商是一种致命的打击，因而内商更加富裕，而边商则更加疲惫。继余盐开禁之后，又出现了残盐（势豪用旧引购买的余盐）、零盐（各年开中未尽之盐）、所盐（又称掣余盐，即堆积在所之盐）、割没盐（没收的走私余盐再卖）、工本盐（以割没盐银给灶户充工本所收之盐）种种名目，它们大部分都是余盐的变种。这些余盐投入市场之后更加剧了正盐的壅滞，造成了"内商坐致富饶而边商益困"的局面，也促使陕商、晋商、徽商纷纷迁居扬州，成为明代扬州盐商的主体，也架构了扬州盐商群体的地域构成。

4. 明万历时期，袁世振纲运制的创立，推动了扬州盐商群体的兴盛

纲运制度标志着中国古代盐法中商人包销的确立，进一步加强了扬州盐商对盐业的垄断，从此结纲行贩的扬州盐商开始了垄断两淮盐运销全过程的历史。扬州盐商逐渐成为官商结合、富可敌国的商帮集团，开创了明清两代数百年扬州之繁华昌盛。

纲运制肇因于起掣河盐，挽救边商政策的失败。边商是开中商人的正统后裔，担负着输粟报中的重任，关系着开中制的存废与边防军储的盈虚。但自余盐开禁，特别自工本盐出现之后，正盐壅滞不行，边商遭受打击最大。《明史·食货志》记载："自工本盐之行，引盐不易掣，边商多乞掣河盐。"《皇明世法录》卷29"禁掣河盐"条载："所谓河盐者，沿河径自超掣，不上堆也。"即在河径自超掣，具有易支、获利便捷等优点。封建国家乐得以此做为边商的特殊优待："内商安坐，边商运输，故掣河盐以惠边商耳。"（《皇明经世文编·庞中丞奏稿》，此疏亦见于《明史·食货志》）。正是出于这一考虑，嘉靖四十年正式规定河盐与淮盐相兼秤掣。

为疏销历年积引，由袁世振、李汝华共同倡议的纲运制度于万历四十五年正式推行。河盐起掣之后引起了边、内二商不可调和的利害冲突。边商利于行新引，内商利于售旧引。因此疏理盐法就必须兼顾边、内二商的利益。所谓纲运，就是把零销分运的内商组织起来结纲行运，实行新引、旧引兼掣。既把积累下来的旧引疏清，以解救内商，又把新引同时出售，以照顾边商。为了保证如期完成疏理任务，防止囤户从中插手，规定了引窝的世袭权，由盐院编为纲册，以"圣、德、超、千、古、皇、风、扇、九、围"十字编为册号。"此十字纲册自今刊定之后，即留与众商，永永百年，据为窝本，年年照册上旧数派行新引，其册上无名者，又谁得钻入而与之争鹜哉？"凡是纳过余银、资力雄厚的内商都分别被编入十个商纲运销，不入商纲者都没有售盐的资格，而一旦取得了这一资格即可永远世袭。这一制度乃是中国古代盐政史上的划时代变革，其重大意义在于：

1. 纲运制度标志着中国盐法中商人包销制的确立，它承认了盐商享有"永永百年，据为窝本"的权力。这样，扬州盐商取得了垄断盐业运销的世袭特权，从封建国家的代销商人演变为官商一体的包销商人。

2. 盐的承销者由个体商人转为有组织的商帮。每个商帮都是独立经营的商号，自负盈亏，其法定行盐市场无异于商帮的世袭领地。例如扬州盐商总商江春的"江广达"，以及黄源德、洪箴远、鲍有恒、邹同裕等行盐法牌号。

3. 纲运制本为梳理新旧积引、挽救开中危机而设，但在其演变过程中同商课制结合起来，最终取代了开中制度。专以输粟报中为业的边商与开中制一起归于消亡，而结纲行运的内商则改称为运商。

4. 通过以上从开中制到纲运制的历史演变，反映了我国封建官营盐业内部的商人资本同土地经营相脱离，同盐的运销市场垄断相结合的全过程。这个过程反映了我国封建社会晚期官营盐业的兴起。

第四节　明代的盐课制度文化

■ 政策的出现

明初未统一全国以前,为了解决军费急需,对盐采取课税政策,设置课税机构和官员,进行征税,税率按二十取一。明太祖统一全国以后,实行专卖之制,国家规定产量以内的盐叫正盐,超过产量规定的盐,叫余盐。正盐、余盐,一律缴给官府,作为盐课。

明代盐课主要来自于灶户。明代制盐民户称为灶户,按户计丁,称盐丁;按丁规定产盐定额,也称为正盐或正课;正课之外所余之盐,称余盐。无论正盐、余盐,既然作为盐课,均不准灶户私售。明初,

▲ 古代盐政衙门遗址

为鼓励盐的生产,朝廷注意优恤灶户,给灶户划拨草场,以供樵采;可耕之地,许灶户开垦,并免灶户杂役。以后,盐场设立总催官,负责办理盐课,督促生产。总催官多刻剥灶户,致使灶丁贫乏。英宗正统时(1436—1449年),灶户不堪总催官的剥削,纷纷逃亡,仅松江一地负盐课60余万引,盐产量大减。

灶户生产的正盐、余盐,缴给官府上纳盐课之后,官府给以工本米:正盐每引400斤,支工本米一石;余盐每引200斤,支工本米一石。洪武十七年,工本米折钞发给,但各地折钞比价不一,淮、浙每引二贯五百文,河间、广东、山东、福建、四川等地,每引二贯。

■ 明代盐课发展历程

明代盐课的征收历经了实物盐课、盐课实物折纳以及盐课折银这三个发展阶段。由于各盐区情况各异,因此在每个阶段的时间上便难以截然划分,存在着实物、实物折纳和折银同时存在的状况。

1. 实物盐课阶段。实物盐课就是灶户将生产出的盐作为盐课直接缴给官府。这一阶段从明初一直到明正统初年,大约经历了70余年的时间。

2. 盐课实物折纳阶段。盐课实物折纳也叫实物折色,是实物盐课的一种。它是由朝廷规定灶户上纳实物盐课,按一定比例折成其他物料,如米、麦、谷、粟、布等,作为盐课上缴官府。这一阶段从明正统初年一直到明弘治年间,大约经历了60余年的时间。

明代盐课实物折纳,首先是作为一种权宜之计出现在山东盐运司。洪武四年,以山东盐课折收绵布、白金,赴大同易米,以备军饷。这种作为筹措军饷的权宜之计,在当时没有形成制度。

洪武九年(1376年),朝廷在全国范围内实行以银、钱、钞、绢、

▲ 明代银锭

布折输米麦税粮的政策，但未在盐课征收上实行。尽管如此，这种在全国范围田赋征收中实施的折纳制度，却为大规模的盐课实物折纳奠定了基础。

明代盐课实物折纳，宣德五年开始再次出现，正统年间各盐区开始大规模实施。宣德五年，允许山东信阳等场盐课折布。到正统十年，山东运司盐课折布的盐场扩大到西由、登宁、行村、海沧、固堤、官台等场。

正统七年广东开始施行盐课折米制度。在广东、海北提举司所属临川等6场实行每一大引折米一石。福建盐运司于正统十三年开始施行"折征银米"制度。此外，云南五井盐课提举司于弘治时期也开始折布。

3. 盐课折银阶段。盐课折银也叫货币折色，是实物盐课的一种。它是由朝廷规定灶户上纳实物盐课，按一定比例折成金、银等，作为盐课上缴官府。这一阶段从明弘治、正德年间一直到明末。

盐课折银是商品经济发展的产物。明中叶以后，商品经济获得了迅速的发展，白银逐渐取代实物成为商品交换的主要形式，在工商业发达地区，"虽穷乡亦有银秤"。由于商品经济发展的需要，在各个经济领域内陆续出现了折色制度。在盐业生产和流通领域，不仅盐商迫切需要运用货币作为进行盐交易的手段，就连灶户也"畏盐难纳，多愿纳银"。

成化年间盐课折银首先出现在两浙盐区。成化九年，水乡灶户每引纳工本银0.35两。成化二十年，浙西正盐一引折银0.7两，浙东折银0.5两。弘治元年，浙西每引征银0.6两，浙东0.4两。

弘治五年户部尚书叶淇推广盐课折银，"每引征银三、四钱，视同初米值加倍，而无远涉之苦，一时太仓之银，累至百余万"。盐课折银开始逐渐扩大。

弘治十二年山东涛雒、富国、高家港三场每一大引折银0.15两。福建惠安场弘治十六年每引征银0.07两。四川则于正德元年开始征银，大宁场每引征银2两，其余井场定为上、中、下三等，每引征银自0.6—1.5两不等。正德三年山东信阳、西由、登宁、行村、海沧、固堤、官台等场改布为银，每一大引（400斤）折银0.15两。广东正德五年靖康等23场开始征银，每小引征银自0.17—0.23两。两淮正德七年前，每引征工本银0.35两；此时改为每引征工本银0.2两。云南则于正德八年从安宁井开始折银，每引征银0.9两。长芦盐区则于嘉靖五年改为折银。

自两浙成化年间（1465—1487年）施行盐课折银以后，山东、福建于弘治年间（1488—1505年）施行此制，四川、广东、两淮、云南相继于正德年间（1506—1521年）开始实施，长芦也于嘉靖年间（1522—1566年）开始施行。自此，盐课折银最终取代了实物折纳，成为明代盐课的主要形态。

明代盐课是仅次于田赋而占第二位的一大财政收入。户部尚书李池华曾在给皇帝的上疏中说："国家财赋，所称盐法居半者，盖岁计所入止四百万；半属民赋，其半则取给于盐笑。两淮岁解六十八万两有奇，长芦十八万，山东八万，两浙十五万，福建二万，广东二万，云南三万八千有奇，除河东十二万及川陕盐课，虽不解太仓，并其银数，实共该盐课银二百四十余万两。又各边商所中盐粮银，淮、浙、芦、东共该银六十余万两，总盐课盐除粮二项，新旧额新添计之，实有二百余万之数。"

延伸阅读

乌江通道与白马的盐卤

渝东南地区的涪陵、武隆、彭水、黔江、酉阳、秀山，在地理上属于一个相对独立的地理单元，历史上属于一个大的文化区，其文化面貌相对较接近。这一地区，西北连长江，南接黔东北，东邻湘西北，东北与鄂西南接壤，具有重要的区位优势，是古代沟通重庆、贵州、湖南、湖北的重要交通通道。其境内主要属于乌江水系。

乌江，历史上又称巴江、延江、黔江、涪水、涪陵江，是长江三峡地区川江流域南面最大的支流，自古以来就发挥着重要的交通作用，是渝东南地区交通的生命线。早在战国时期，秦国攻打楚国就是沿着这条线上溯行进的。《华阳国志》载：

涪陵郡，巴之南郡，从枳南入，溯舟涪水，本为楚商于之地，秦将司马错率巴蜀众十万，大船舶万艘，米六百万斛，浮江伐楚，取商于之地为黔中郡。

历史上，乌江通道一直是进兵，转输食盐、茶叶、山货等物资的交通要道。乌江进入武隆县境后，在沿江路边，有一处顺江排列的古镇。这个古镇就是白马镇。

清代川盐济楚的时候，渝东地区的各盐场获得了空前的发展，食盐供不应求，经营盐业者均获得了大量的利润，人们都想从中分一杯羹。但是，盐卤资源却是有限的。对于后来者，他们很难从生产经营秩序已经形成的各盐场插进足。正在这时，传来了武隆白马发现盐卤的消息。

于是人们开始在此投资生产食盐。然而，对于一个没有生产经验的盐场来说，熬盐工艺就显得特别重要。他们熬出来的第一桶盐色泽既不好，又耗费了太多的资金。于是，人们从云安这个川东最大的盐场请来了技术能手，经过他们对盐灶的改造，以及传授各种经验技术，终于熬出了达到要求的白花花的食盐。

白马的盐卤就在镇子对岸的乌江边。每到枯水季节，江水下降，那些从岩石缝里流出来的卤水就被人们接走，运到对岸的盐场里熬煮。那些溢出的，则漫过江边的石滩，被太阳一晒，隔江就能看到像覆盖了一层白雪的石头。但是，夏季的洪水常常淹没卤源，咸咸的卤水融入江水后，被稀释得一点盐的味道都没有了。这时候，白马的盐灶就全部熄了盐烟，处在一片寂静中了。

《舆地纪胜》卷一百七十四《涪州·景物下》称："白马津，在武龙县北三十五里，有盐官。"这个白马津就是现在的白马镇，既置有盐官，就必定盛产食盐。自发现盐泉后，这里很快就开始大规模制盐。"未已已有四百余灶，由是两山林木芟薙，悉成童山。"因为盐业生产的繁荣，白马津成为当时武龙县（现武隆）重要的也是唯一的草市镇。在《宋会要·食货·商税杂录》中就有记载。白马由于盐卤量少，浓度不高，再加上受江水影响较大，导致了宋以后的一度沉寂。

乌江由武隆南上，至现彭水县城附近，有一条墨绿色的河流汇入。这条小河被称为郁江。郁江是渝东南盐业生产的中心。著名盐史专家任乃强先生在其《四川上古史新探》一书中强调指出："郁江上游的郁山镇有伏牛山盐泉自山麓涌出，被人类利用甚早。早在巴族尚未立国以前，即已成为这一地区人民的食盐来源。"郁山镇位于郁江支流中井河、后灶河与郁江交汇处。这里一直是古代"黔中"地区的政治、经济中心。早在西汉建元元年（前140年），汉武帝置涪陵县，县治即位于今郁山；三国蜀汉章武元年（221年）又设涪陵郡于此；此后，北周时奉州、黔州，隋代的彭水县，唐代的黔州、黔中道均置于郁山。到了宋嘉定元年（1228

年），因"盐泉流白玉"而置"玉山镇"；明景泰元年（1450年）因避讳（代宗朱祁钰即位）更名为郁山镇；清雍正十二年（1734年）置黔彭军民厅，辖酉阳、秀山、黔江、彭水四县。

郁山之所以一直受到历朝的青睐，与出产盐有关。这里以盐业产地为中心，形成强大的地方势力。涪陵（今彭水县）在乌江流域最早设县，与郁盐直接相关，因盐利而聚众，聚众而成邑。据《晋书·地理志》，到西晋时期，涪陵郡的人口数量比巴郡还多，在今天看来简直难以想象。《华阳国志·巴志》记载，谢本上表刘璋要求独立时，"求以汉发、丹兴为郡"，目的就在于郁山的盐和丹兴县的丹砂。

据文献资料看，郁山现有的盐井最早属于东汉时期。在《山海经·海内经》中有这样一段话："西南有巴国，太昊生咸鸟，咸鸟生乘厘，乘厘生后照，后照是始为巴人。"按照这一说法，后照应为巴人始祖，比廪君还要早。

同治《酉阳直隶州总志》卷十九《风俗志》："（郁山）有盐井，比年以来，井更旺而灶更多，邻省商人，行盐其地者，往往家焉。虽由地贫确，百产不滋，彭民托业经商绝少，而卤泉涌出，利本自然，富民之挈资而来结庐而处者踵相接，衡相望也。"郁山食盐除供渝东南地区外，还远销湖北和湖南。"郁山厂盐运赴楚之咸丰、来凤二县"的记载便是明证。

郁盐出郁江，沿乌江上行，有一处必经之地——龚滩。龚滩主要得益于乌江山险水恶。龚滩早在晋代就有县治设置于此，但明万历元年（1573年）凤凰山崩后，所有过往龚滩的载货船均不能行，需要转输。郁山盐及其他沿江上溯的川盐亦不例外。在龚滩古镇上，有块名叫"永定成规"的碑。碑文内容显示，龚滩镇是川盐入黔的重要中转站，所转运之盐称"客盐"，另外还规定了上下船搬运的力价，每包盐上载船舱的运费为5文，从船上卸运下来抬至盐仓处则每包加6文。

龚滩因为在盐业转输方面的重要地位，曾设盐运办事处，置盐务防护军。在龚滩镇上，有一座保存十分完好的古建筑——西秦会馆，相传即为陕西帮商人张朋九所建的盐号。

乌江并不仅仅是盐业运输的专道，在古代，它还是沿江人民运输桐油、茶叶、苎麻、蓝靛等物资的通道。为了改善乌江航运，清光绪三年（1877年），四川总督丁宝桢转奏官运盐务总局批准治理乌江，整治航道，开凿纤路。各地绅耆商民纷纷捐资集款，乌江航运大有改观。以龚滩为例，并筑闸坝数处，开凿纤道，先后共计15段，500余米。乌江纤道的开凿，使乌江自古以来作为渝、黔、湘物资交流和商旅往返的主要通道更加通畅。同时也应当看到，乌江纤道是乌江航运两千多年发展的结果，是乌江流域经济、交通、社会发展的历史缩影。

在龚滩镇的附近，有一条名叫阿蓬江（也叫唐岩河）的河流注入乌江，它发源于湖北西南部。沿乌江上运湖北、湖南的郁山、富顺食盐，即转此而上。但那些往贵州的货物，则可以沿乌江继续上行。近年来，川盐行销贵州的历史，在考古者的手铲下，已经被推进到了商周时期。

2005年，贵州省文物考古研究所在贵州沿河县乌江边的黑獭遗址发现了少量的炮弹状尖底杯，考古工作者认为，这一发现，无疑表明三峡或郁江的食盐在商周时期即已行销到了贵州。

第六章
清代的盐业与盐文化

清王朝的统治,自顺治元年(1644年)入主中原至宣统三年(1911年)被推翻,共267年。清代是一个非常特殊的朝代,以鸦片战争(1840年)为界,它又被划分为封建社会和半殖民地半封建社会。随着清初社会经济的发展,在经过了顺治、康熙年间的恢复之后,盐业生产也有了较大的发展,这从清代盐产销量的逐渐增长中,也可见其一斑。

第一节　清代盐业的恢复与发展

■ 发展概况

明朝末年,因为连年发生战乱,社会经济遭受到严重破坏。清军刚刚入主中原的时候,对许许多多无辜的民众大肆屠杀与掠夺,致使社会生产力遭受到史无前例的严重破坏。清朝统治者为了消除反抗势力,尽快实现全国统一,巩固自己的政权,顺治康熙年间,开始实行对大商人高压和收买相结合的政策。

清顺治三年,盐的年销量为330余万引,顺治十二年首次突破400万引,最高年销量为477万引。顺治年间(1644—1661年)大部分盐区每引盐的载盐量为200斤,若加上卤耗、包索、酬商、割没等名目,每引盐的实际载盐量大致在250斤左右。照此计算,顺治年间的年销量在8—12亿斤左右。康熙年间(1662—1722年),年销量在400—500万引左右。当时各盐区的引斤重量有所增加,若以每引盐300斤计算,年销量在12—15亿斤左右。雍正年间(1723—1735年)的年销量一般在500万引左右,若以雍正初两淮盐区每引盐的重量344斤计算,雍正年间的年销量在17亿斤左右。乾、嘉年间(1736—1820年)年销量约在23亿斤左右。1840年以后,年销量约在26—30亿斤左右。

清代的食盐生产是一种严格的计划性生产,在各个产盐区、各个盐场大都有"额定产额",由此,我们从上述盐的年销量中,可以大体推定当时的年产量。如果加上私盐销量的因素,清代各时期的食盐产量,大致要在上述额销盐斤上增加三分之一。因此,清代食盐最高产量可能超过40亿斤。

清代盐业产区,在内地划分为长芦、奉天、山东、两淮、浙江、福建、广东、四川、云南、河东、陕甘11区。其中,四川、云南为井盐,河东、陕甘为池盐,其余均为海盐。此外,在新疆、内蒙等区亦有部分产盐地。

随着清初盐业生产的恢复和发展,四川井盐钻井技术发展很快,乾隆嘉庆时期在今自贡地区形成为一套完整的技术。主要包括定井位、开井口、下石圈、凿大口、下木柱、凿小眼和修治井等各种技术,已能成功地开凿深达千米的盐井和处理井下发生的事故。以1835年燊海井钻达1001.42米为标志,表明了中国井盐钻井技术在当时世界的领先地位。

在海盐产区,生产技术也有很大的发展。在明代晒盐法初步推广的基础上,进一步将晒盐法推广到更为广泛的区域,同时晒盐技术也有较大的提高。

随着清代盐业生产技术的发展,生产力有了很大的提高,从而促进了盐业的发展和进步,资本主义萌芽在一些盐场和一些地区获得了长足的发展。

自1853年川盐济楚开始,四川盐业销区骤然扩大。市场需求量的剧增和高额利润的刺激,再加

▲ 清代井盐生产图

上已有的技术条件，清咸丰同治年间（1851—1874年），四川盐业以超越以往任何时代的速度发展。富荣厂（今自贡盐场）更是以其"水丰火旺"的优越条件跃居川盐生产的首位，工场手工业得到高度的发展，年产盐量几乎与道光年间的整个川盐产量相等，成为中国最大的井矿盐产地和我国最大的手工工场。

清代盐业生产的发展，使盐税收入增加，与田赋、关税、厘金一起构成清后期财政收入的四大支柱。光绪末年（1908年）全国盐税收入高达2400余万两，约占全国财政收入的12%，在清代财政中占有极为重要的地位。

■ 清政府恢复盐业的措施和办法

清顺治中期以后，随着战祸范围的逐渐缩小，人口开始增加，荒地逐渐开垦，社会经济日益复苏，这一切为盐业的恢复带来了转机。清政府建立之初，财政收入十分窘迫。清初盐业的状况，直接影响到清政府的财政收入和政权的稳定。因此，清政府先后采取了一系列措施来促进盐业的恢复。

1. 优待灶丁，修复盐场设备

清初，清政府首先是遏制灶丁逃亡，大批招徕灶丁。顺治年间，面对灶丁的逃亡，清政府颁布了两项政令，一是不准灶户投充旗下，二是不准灶丁充当胥吏。凡是有灶户投充旗下和灶丁充当各衙门胥役者，一概退出，"回场煎办盐斤"。在此基础上，又把招徕灶丁的多寡纳入对官吏业绩的考核，提高了地方官员招徕灶丁的积极性。据康熙二十四年的统计，两淮运司共清出各场迁移复业灶丁1860名，新增灶丁2600名。康熙二十七年，两浙永嘉等五场也招徕灶丁1300名。

其次，对残存灶丁多方加以抚恤。清代灶丁生产条件极为恶劣，以致"煎盐之户多盲","晒盐之户多跛",大多困窘不堪,生活难得温饱。对此,清政府采取了以下措施:一是由政府直接出资赈济贫灶。康熙二十四年一次就赈济两淮各场贫灶一万余名。二是鼓励盐商助赈。在雍正年间伍佑场潮灾中,盐商汪应庚"出家财赈粥凡三阅月"。三是蠲免逃亡灶丁的课税。顺治六年免征福建上里、海口、牛田、惠安、浯洲五场悬课银 8000 余两;顺治十六年免征两淮徐渎、临洪二场悬课银 3900 余两,康熙五年免征吕四场课银 2000 余两。这些措施,对贫灶的复苏起到了积极的作用。

第三,加强堤防修筑,增强灶户防御潮灾的能力。海盐生产因"煮海为盐",盐场均濒临海边,灶户常常遭到海潮的侵袭。两淮盐区康熙四年和雍正二年两次海啸,死亡人数多达数万人,致使"盐场草荡尽被漂没",给盐场生产造成了沉重的打击。康熙四年受灾后,清政府对堤缺逐一修复加固,到康熙二十四年共修复御潮堤缺 228 处,同时疏浚运盐河路 608 处。雍正二年受灾后,清政府对原来的"捍海全堤"重新加固,并且"筑子堤于旧堤之南",使抵御自然灾害侵袭的能力大为加强。

第四,修复盐场设备。

清初,清政府还采取措施修复盐场设备。淮南盐场到康熙二十四年时,已修复亭场 5528 面,灶房 12444 间,卤池 6102 口。其他盐场也采取相应措施修复了盐场设备。

2. 实行惠商政策,广泛招商

清初,由于盐商多已逃散,清政府采取了积极的惠商政策,招徕盐商。清初的惠商政策包括维护商人的正当利益,以及"许以见盐上课……行盐若干即征课若干"等几项内容。

清初,在清军大举南下的过程中,为弥补军饷的不足,曾把两淮

▲ 清代盐业生产运输场景

积盐无偿地变价充饷，而清政府也没有顾及商人的利益，这不仅对招商不利，而且对残存的商人也是一个致命的打击。因此，顺治二年两淮巡盐监察御史李发元要求"仍将垣盐还商"，以达到"结其心，施招徕"的目的，并得到户部的认可。

此后，清政府又采取了蠲免顺治二三年份未完正课银近三十万两和"量力行盐"等措施，商人"于是散者集，逃者复，贫者称贷，农贾徙业而至"，从而促进了盐业的恢复。

在山东，巡抚方大猷和巡盐御史吴邦臣则提出了"量力行盐"，销引多少即征课多少，使山东招商极为迅速，"未及两月，新商鳞集百家"。在山西解池，对新招商人采取了特别优待的政策，"将新商26家每名先分引1200引，照旧商少给704引"，使商人不至领引过多又行销不及而赔累，从而使新商"源源而至"。到顺治六年，共招商156家。

在四川，由于明末战乱极为严重，清政府采取了"听民自由贩运的措施"。这种政策的实施，使四川在雍正以后，"盐井日开，户口日增，商贾大集"，促进了四川盐业的发展。

3.疏通积引，强化税收

顺治四年之前，清政府采取了"行盐若干即征课若干"的灵活措施，各区基本上没有按额定引额强行派销完课，使招商办引取得了一定的成效。随后，清政府为按引增收税课，便按照引额强行派销。尽管也有人提出减引疏销，进一步优待商人；但减引就要减课，减课就要误缺军饷，所以除个别地区的盐引经过屡次提请得以减少外，绝大多数地区的盐引仍照旧派销。

在盐引不得减少的情况下，清政府采取的疏引措施主要是强制手段，即强行派销。同时，将疏引纳入地方官的职责，并制定了考成之法，以此严责州县疏引通商，对销引不及额的地方官加以指参，使地方官为了保住官位不得不竭力疏销。

清政府采取的上述措施，对清初恢复盐业生产、整饬食盐运销、增加财政收入，都起到了积极的作用，使产量增加，税收不断增长。到顺治十五年，引额就达到4777069引，比顺治八年增长37%；课额达2516984两，比顺治八年增长28%。

清初盐业的恢复，各盐区因情况不同，恢复过程也存在差异。河东解池盐业恢复较早，到顺治六年便能完足课额。而四川到康熙二十五年产盐区域才达到26个州、县、卫，只有盐井1182眼；雍正初年仍依靠大批河东池盐济销，元气尚未完全恢复。雍正八年，四川产盐州县扩大到40个州县，有盐井6116眼，每年共产盐92277840斤，达到和超过了历史最高水平，最终实现了盐业的恢复。

■ 清代中期盐业的发展

经过清初盐业的恢复，到雍正年间，盐业已进入一个发展较快的时期。在四川，雍正八年产盐州县已发展到40个，岁产盐达9227.784万斤，超过了历史最高水平。同时，所产食盐除满足本省需要外，还销往云南、贵州和湖北部分地区。

在这一时期，潼川府属射洪、蓬溪各县利用当地储量丰富、易于开采的浅层盐卤资源，首先迅速发展起来。到雍正九年，射洪县盐井就达2319眼，蓬溪县盐井亦达1251眼，比康熙二十五年增加7—9倍，成为四川盐井最多的县。同时,从事盐业生产者众,据记载,"居民强半以井为业"。

在川北盐业迅速发展的同时,川南地区的犍为、乐山和富顺的盐业生产也恢复和发展起来。雍正九年,犍、乐两地井数达到1286眼,比康熙时增长两倍多。富顺亦有井298眼,煎锅755口。

随着盐业生产和发展,在四川逐渐形成了福兴(西充、南部县境内)、华池(射洪、蓬溪县境内)、富义(富顺、荣县境内)、云安(云阳县境内)、永通(犍为、乐山县境内)等五大盐产区。在这五大盐产区中,射蓬、犍乐、富荣三个地区又以资源和技术方面的优势迅速脱颖而出,形成为四川三大盐业生产中心,为盐业的进一步发展奠定了基础。

乾隆年间(1736—1795年),社会较为安定,人口迅速增长,市场开始繁荣。川盐销区不断扩大,对盐的需求量迅速增加。乾隆四年云南东川、宣威等地盐不足销,以犍为新开淘盐井所增加的54万余斤盐全数配滇,也"不足以济滇省之用",于是又将自流井余盐配滇销售,仍然供不应求。

"消费创造出新的生产的需要,因而创造出生产的观念上的内在动机"。需求量的增大,刺激了生产的急剧发展,雍、乾时期四川盐业得到了迅速的发展。

首先是大批商人投资开凿新井,井灶数量猛增。从雍正八年到乾隆二十三年的28年中,四川盐井便增加了2000多眼。同时,新开凿的盐井开始向资源丰富的地层深处发展。在犍为盐厂,"清康熙年间有井五百二十九眼,煎锅五百九十四口。嘉庆十七年即增至一千二百零六眼,煎锅一千六百五十口,尚有已废之井八百七十四眼,锅一千二百四十八口不计焉"。在射蓬、射洪两场,"雍正八年有井二千三百十九眼,乾隆时增为三千余井,其后复增至万余井,而报名

▲ 清代盐井

纳课者只二千九百九十九眼，其余皆私增而未起课也"。此外，云阳等地盐井亦有显著增加。

其次是盐产量增加。清雍正年间（1723—1735年）定水引11163张，每引行盐50包；陆引61029张，每引行盐4包，每包重115斤，共行盐92260590斤。到乾嘉年间（1736—1820年）陆续增为水引29018引，陆引136232引，共行盐229520220斤，为雍正年间的两倍多。这里还不包括"官商之以多报少，灶户之暗中走私"，以及票盐和老少残疾人民准负40斤免税之盐。所以当时的实际盐产量应该比这个根据引额计算出来的销售量要大得多。据估计，乾隆以后，四川年产盐量当在5亿斤以上。

在产量增加的同时，销区不断扩大。明代川盐主要行销四川境内，间或也有少量行销滇、黔二省。清初，云南东川、昭通二府正式定食川盐。乾隆初，又准许湖北之建始以及改土归流之鹤峰、长乐、恩施、宣恩、来凤、咸丰、利川等地作为川盐销区。在乾隆年间（1736—1795年），贵州除东南之黎平食用粤盐外，其余各府皆成为川盐销区。在清政府允许川盐扩大销区的同时，川盐还突破了销区的界限，由水路侵入了荆州等处，由陆路侵入了竹溪、房县等地，越来越成为淮盐在湘、鄂二省引地的严重威胁。此外，川盐还进入了陕西境内，行销西乡、宁羌、定远、紫阳等县。

第三是井盐钻井技术的成熟。随着清初盐业生产的恢复和发展，四川井盐钻井技术发展很快，在乾隆嘉庆时期形成为一套完整的技术。清代四川井盐钻井技术主要包括定井位、开井口、下石圈、凿大口、下木柱、凿小眼和修治井等各种技术。其中有突破性发展的是包括补腔和打捞技术在内的修治井技术。

古代四川的盐井，都是裸眼开采，一般只在表层较易垮塌的岩层下入竹、木套管，在产层均为裸眼。入清以后，伴随着深井的开凿和井深的增加，裸眼开采带来的井壁垮塌和淡水渗漏的现象日益严重。为了保证正常生产、延长盐井的开采时间，在犍为和富荣地区，补腔技术开始发展起来。

所谓补腔，主要是指采用桐油与石灰等材料，以修补垮塌的井壁，进而堵塞井壁裂缝渗漏的淡水，最终达到大段裸露井段不垮塌的目的。它是开凿深井与保证安全凿井的关键所在。早在雍正年间（1723—1735年），"于渗漏之井，总系随修随煎，毫无妨碍"，补腔技术已初步发展起来。但这种技术还很不完善，致使"修补动经岁月"才能完成，并有"坍塌渗漏，修补不能复旧之井"。再加上劳动人民在生产实践中的不断总结与改进，到嘉庆年间（1796—1820年），在一些盐业生产发展迅速的地区，补腔技术已经达到较高水平。严如煜在《三省边防备览》一书中指出："犍（为）富（顺）之井皆系凿成，……遇井内有渗漏，能补塞之，洵称绝技"。由此可知，当时的补腔技术已经趋于完善。

在明代，采用晒盐法的有淮北、长芦、山东、福建、浙江、广东等地的部分盐场。

利用太阳能量的晒盐法比之于利用火力的煎盐法，虽然不可避免地受到阴雨天气的影响，盐的产量有时难以保证，但是，晒盐法的工本要比煎盐法轻得多。清代，随着煎盐燃料价格的上涨，不断有盐场改煎为晒。乾隆四十三年原系煎制的漳湾场、淳管场、鉴江场改煎为晒。乾隆五十七年，广东电茂、博茂、茂晖、双恩四场首先改煎为晒。随后，多数盐场"皆易煎以晒，改熟为生矣"。长芦、山东盐区，大致在道光（1821—1850年）以后，也都改煎为晒。

在推广晒盐法的过程中，南方的广东、福建等盐区，依然实行明代的淋卤晒盐；而北方的长芦、山东等盐区，则直接引入海水，分池晒盐。长芦主要采用沟滩晒法，山东主要采用沟滩晒法和井滩晒法；这两种晒法是直接取海水或井卤分圈、分池晒卤、晒盐，已经脱离了明代以"溜井"构造取卤，然后制盐的旧制，在海盐制盐工艺上取得了明显的进步。

乾隆末、嘉庆初，即18世纪90年代，浙江盐区发明了板晒法。这种方法是将卤水注于板，用"板"晒盐，故称板晒。晒盐所用之板，"木料为之"，状似门板，四周围以木框，以便盛卤。板分大小两种：大板长九尺八寸五分，宽二尺九寸，深一寸五分；小板长七尺四寸，宽三尺，深一寸。

板晒制盐的方法，在《清盐法志》中有明确的记载："板晒之法，俟天晴日，陈列各板于场，自上午六时起，逐板注卤，就日光晒之，晒至日中，盐已结晶。盛夏炎日，再加卤一半，以期盐量稍多。至下午四五时，一人用盐耙集盐，又一人则以盐铲铲入筐内，搁诸蹉缸，以期苦卤下坠。一普通晒户，每板注卤一杓，杓容卤二十二斤，约成盐四五斤。惟卤有浓淡，时有冬夏，非可一概而论，大抵四五六七等月热度极高,为产数最旺期,若冬季气候失时,则又五六日始得一斤或十两"。

盐板晒盐,既节约了燃料降低了成本,又适合浙江短晴多雨的气候,因此迅速得到了推广。自乾嘉年间在浙江岱山、余姚等地兴起后,松江府属各场也相继改为板晒,而且扩大到淮南昌四场。据同治十一年调查,仅岱山晒板就达到191984块,发展十分迅速。

此外,在仍然实行煎盐法的海盐区,还将卤井改为砖砌和采用重淋法,改进制盐工艺,取得了较好的效果。

在河东池盐产区,清代以来实行"分段浇晒法"和开创"打井浇晒法",改进了池盐生产技术,提高了食盐产量和质量,促进了池盐生产技术的发展。

总之,随着清代中期盐业生产技术的发展,生产力有了很大的提高,从而促进了盐业的发展和进步。

第二节　清代的盐务官运与盐商文化

■ 官运商销制的主要内容和实施办法

清咸同以后，川盐的两湖市场日益缩小，而滇黔边岸在地方官吏、土豪的重重需索下，也极为衰败。以至"边引积滞至八万七千余张，羡截积欠一百三十六万六千余两"，严重地影响到清政府的财政收入。

自鸦片战争以来，清政府奉行对外卖国投降、对内疯狂镇压的反动政策，用于对帝国主义列强的"赔款"和镇压太平天国革命以及后来此起彼伏的反帝反清革命斗争的军费日益增加。因此，四川盐税收入的减少，也就构成了对清政府的一种直接威胁。光绪三年清政府将丁宝桢调任四川总督。丁宝桢入川后，从维护清政府的利益出发，开始加强对四川盐业的控制，积极推行官运商销制。

官运商销制的主要内容，即丁宝桢在官运盐务章程中提出的裁减浮费、清厘积引、酌核带销、局运商销、兼办计岸、引归局配、展限奏销、严定交盘、慎重出纳、认解黔厘、实给船价、删减引底、

▲ 清代银锭

添置联票、酌留津贴、酌给奖叙等十五条。其核心是局运商销、引归局配。实施的办法则主要是：

1. 设立官运机构。设官运盐务总局总理官运事务，"凡划归官运之盐，其购配运销及征税等等，均归是局管理。"总局之下，于各厂设分局，负责购盐、分运；各岸设岸局，负责发商销售。此外，还设有子局分卡，"或任盘验，或管船务，或司提拨、或填换盐票。"

2. 官办购运，控制销售。在官运制度下，食盐生产出来后必须由厂局收购。厂局按照各岸应行引额分五、八、腊三关会同地方官及盐商议定盐价，以官运局资本每月向灶户购盐两次。同时，每月购进的盐按"裕国便民、除弊整纲、恤商疏引、格枭为良、大法小廉、万年永长"24字编为散纲，每次以一字为名，以免混淆。全年的盐称为总纲，以是年的干支纪年作为纲名。如当年为甲子年，则这年就称为甲子纲。食盐由厂局运到泸州后，将盐价、运费等报官运总局，由总局把成本核定，运到各岸分局。

盐的销售则不再由官运局直接承办，而由各岸局招定商人，按指定销地运往销售。食盐的销售价格，滇黔官运局有明确规定，即商人除缴纳盐本后，允许每引巴盐多卖银20两作为其利。其售价"计岸由局核定，悬牌示知，不准增减。边岸因山路崎岖，搬运维艰，运费难于计算，则准商人自行出售，应销盐额亦不准短少。"计岸官运局所属各岸盐价，亦由各岸局规定，其办法与滇黔边计岸同。

官运制度对盐业购销采取的这种办法，使清政府可以利用对食盐的收购和价格来操纵盐业，使盐业处于它的直接控制之下。

3. 改变征税办法。在官运前的商运时代，盐引由地方有司转发商人，课税也由地方有司经征，纳于盐道。改官运后，引归局配。除井课仍由地方有司征收外，引税、羡余、截角、厘金等均由官运局核入成本，在商人赴岸局领盐缴纳盐本的同时，将盐税一并收入。通过这种征税办法，使商人无法拖欠和逃避课税，从而保证了清政府的盐税收入。

■ 清代盐商的盛衰

清代盐商大体可分为运商和场商两大类。运商又可分为引商、运商、水商。

清代的引商是从明代的边商演变而来的，但是，它与边商又有显著的不同。边商也出卖盐引，但是，它还未成为盐引的垄断者。边商已脱离盐的流通过程，但是，它还进行了"输纳米豆草束中盐"的活动。引商则完全脱离流通过程，完全靠垄断盐引、坐得窝价为生。

由于各个产盐区的情况不尽相同，由于引商的垄断规模有大有小，因此，不一定所有的引商都是脱离流通过程的。但是，只要盐商成了盐引的垄断者，就自然会产生一种脱离流通过程、寄生于流通过程之上的趋向。

运商相当于明代的内商，是实际活动于流通领域的。有的运商兼有引商的身份，有的则没有。运商垄断了盐的运输，他们是盐商中势力最雄厚的部分。以两淮为例，每年几百万两盐税主要就是通过运商征收上来的。

运商中有总商、散商之别。康熙十六年十一月两淮巡盐御史郝浴奏言："臣受事后，传集众商，用滚纲旧法，公取资重引多之人，金二十四名，尽以散商分隶其下，一切纳课杜私，皆按名责成。"这大概就是清代总商的开始。总商的地位十分重要，他们既要按所领引数行盐纳课，又要负责督征盐课和查禁私盐，同官府有着密切的联系。

总商，有的地方也叫作纲商、甲商。如山东，以"商散而难纪"，设立六纲，"一切领引纳课，责成纲首整理，以取整齐"，"散商领引皆由纲商查验加戳，然后呈堂用印"。在广东，乾隆五十四年实行"改埠归纲"后，设立十个总商，负责和运商打交道。"凡一切应完饷羨，皆责十人肩承，而散商不与焉"。他们还"设立巡船，召募巡丁，协同守口员弁查缉私盐"。

  关于清代盐商的状况，吕星垣《盐法议》中有一段生动的描述："商之巨者曰甲商，递降曰副甲、商经、公商，最下曰肆商。夫持本运盐完课裕食者肆商也。肆商毡笠布衣，持筹握算，子母赢余，其望已足。公商以上，身不行盐，食用豪侈，一衣一馔，数百十金，皆出入公门，攀援官吏，乘上下之间，托名垫发，影射虚吓，徒手攫取，转瞬起家，以次相承，吞索商本，致令贫商竭蹶。"因此，除肆商以外，从公商到甲商，都完全脱离了流通领域，坐食盐利，虚有盐商之名，而并无行盐之实。

  运商垄断了食盐的运输，他们不仅利用这种地位来提高盐价，而且还利用这种垄断地位大肆走私，赚取高额利润。

  水商则是从事食盐转运销售的商人。水贩以下，直到零售商的贩运规模都比较小，他们垄断食盐的零卖。雍正二年正月徽州府黟县根据盐驿道的指示规定：行销官盐之商人"俱有本道颁给印烙招牌住卖。不许违例无结无牌，私开滋弊"。

  清代场商是直接向生产者收购盐斤的商人，在河东叫作坐商。他们这种垄断生产者盐斤收购的特权同样得到了封建政权的保证。清初，场商占有大量的生产资料。他们在兼并了大量土地的基础上，"无不募丁樵煎或租佃摊晒"。同样，灶户需要的生产资料亦需依靠场商提供。据乾隆十年两淮盐政吉庆所述，"两淮向系商人呈明开铸，分卖与灶"。同时，灶户生产所需资金也要仰仗商人。这在当时人朱轼、包世臣等人的记述中均有所反映。朱轼在《请定盐法疏》中说，"凡灶户资本多称贷于商人"。包世臣则说，"灶户烧盐，售与场商，而场商于停煎之时，举钱济灶"。此外，盐商还有对灶户的生产进行管制和监视的权力。"从来场灶烧盐之具，设有定数，无许过额，而煎烧盐斤，以一昼夜为一火伏。灶户临烧，向本商领取旗号，举火则张旗，息火则偃旗，垂为定例。又有巡查之人往来场灶间，用防息火之后复又私煎。"

场商向灶户提供土地、生产资料、资金，负责监视灶户的生产，垄断盐的收购，表明商业资本不仅在流通领域与灶户发生关系，而且已在生产领域对灶户进行控制，说明了商业资本对灶户的统治在逐步加强，盐商的垄断地位达到了前所未有的高度。

清代盐商与封建政权有着密切的联系，盐商依靠封建政权取得对生产者和消费者进行剥削的垄断地位，封建政权通过盐商获取维持政权所必须的税收。因此，盐商为了保住自己的垄断地位，便以盐课、报效等形式向朝廷和皇室贡献巨款；朝廷则给予盐商大量的特权。

清代盐商是我国封建社会晚期最大的财阀，他们在全面垄断盐业运销和盐业生产的过程中，资本积聚达到了惊人的高度。

扬州是全国最富饶的产盐区——两淮的政治、经济中心。自明代中叶以来，侨居流寓的富商大都集中在那里。"淮商资本之充实者，以千万计，其次亦以数百万计"。徽商汪廷璋"自其先世大千迁扬州，以盐荚起家……守财帛，富至千万。"其豪富使其他行业的商人望尘莫及。

除了以扬州为中心的两淮以外，全国其他盐区的盐商资本也相当可观。仅以捐输而论，每次都达到数十万乃至数百万两。在史籍上留名的豪富淮商有程可正、汪应庚、黄仁德、江广达、程俭德、洪箴远等，著名浙商则有何永和、吴康成等，长芦商有王至德、杨永裕、王德宜等，粤商有李念德、查廷实、胡大展等。在四川则有王三畏堂、李四友堂、胡慎怡堂、颜桂馨堂、吴景让堂等拥有巨资的盐业家族集团。由于盐商家中聚集着巨量的货币财富，他们过着极为豪华奢侈的生活，争相夸富斗靡，挥霍浪费惊人。雍正元年谕旨："各省盐商……金钱珠贝，视为泥沙，甚至悍仆豪奴，服饰起居，同于仕宦，越礼犯分，罔知自检，骄奢淫佚，相习成风，各处盐商皆然，而淮扬尤甚"。当乾隆全盛时期，"扬州盐商供巡典，办年贡而外，名园巨第，络绎至于半山；歌童舞女、图画金石、衣服肴馔，日所费以数万计"。"商人多治园林，饬厨传，教歌舞以自侈，民颇化其俗"。因而造成了扬州城的畸形繁华，"郡中城内，重城伎馆，每夕燃灯数万，粉黛绮罗甲天下"。

资本大量聚集是清代盐商的特点之一，而官商一体则是清代盐商的另一特点。经济势力的增长，使盐商同封建官府的勾结进一步加强，通过捐输议叙成为官商一体的名绅显宦。清代盐商往往不惜重资助军助赈，兴修水利，举办"慈善"事业，钓取"急公好义"的名声。由于他们都有强大的资财作后盾，封建官府出于实际需要，往往授予他们儒林郎、七品顶戴、五品服之类的功名。金钱的纽带将官商二者紧密地联结在一起，"官以商之富也而睃之，商以官之可以护己也而豢之。在京之缙绅，往来之名士，无不结纳，甚至联姻、排除言路、占取鼎甲、凡所力能致此者，皆以贿取之。"

清代盐商作为朝廷获取税收的主要对象，备受清王朝的眷顾和关注。但随着清王朝的衰落，盐商也由前期的兴旺逐渐走向没落。

▲ 清代扬州盐商的聚居地

嘉庆元年爆发的波及五省，历时九年的白莲教起义，标志着清王朝由盛转衰，同时也是盐商走向衰落的转折点。

清中期以后，沉重的杂项和浮费负担是盐商走向衰落的原因之一。

为了镇压各地的反抗起义，清政府的军费猛增，陷入日益严重的财政危机，为了摆脱困境，清王朝不断提高盐价，加重盐课，谋求出路。乾隆以后，清政府以各种名义增加杂项收入。长芦盐区的杂项就有：铜斤脚价、河工银、坨租银、领结杂费、缉费、归铺缉费、内外帑利、加盐帑利、钦天监生息等近20项。两淮盐区的杂项款目更多达50余项。杂项征收数额巨大，往往超过正课，如乾隆三十三年两淮盐区每年的正课银为952590两，但杂项银达117.6万两。杂项银的增多，不仅增加了盐引的成本，也给盐商造成了沉重的负担。

盐商的另一负担是官吏的浮费勒索。乾隆以后，浮费的勒索日趋严重，如两广的"匪费"，雍正年间（1723—1735年）额定为12万两，到嘉庆（1796—1820年）初年便增加到100万余两。在商运过程中，设官太滥，手续太多，也造成了对盐商的层层盘剥。在两淮地区，商人办理运引手续要经过十多次辗转批准。每道手续便意味着官吏胥役对盐商的敲诈勒索，因此有"自滚总至开江，私费所出，几半于盐本"之说。

割据式的引岸制度是盐商衰落的原因之二。

在引岸制度下，盐商只能在清政府规定的盐场买盐配运，然后在规定的引地销售。官盐销区的划定，本应以产和销距离较近、运输方便为依据，但清政府首先考虑的是盐课而不是便民。因此，盐商在引岸制的束缚下，不得不远道奔波，将盐运送到数千里之外的地区销售。导致边远地区盐价高昂，平民百姓无力购买食盐，或淡食或食土盐和私盐，使官盐销售市场大为减少，盐商日益衰落。

私盐泛滥成灾是盐商衰落的原因之三。

清中叶以后,私盐逐渐泛滥,有场私、贩私、官私、船私、商私和枭私等。由于清政府所定食盐产价太低,煎晒盐斤所需成本又日益增加,灶户所卖额定食盐难以收回成本,再加上盐商拼命压低收购价格,使"灶户交盐不得值,非透私则无以为生"。加之嘉庆年间以后官僚机构的日益腐败,盐官接受贿赂,坐视私贩任意放纵,甚至监守自盗,在走私中通同分肥,导致私盐充斥市场,"两淮纲盐引地,无论城市乡村,食私者什七八"。到嘉庆末道光初,盐商已是资本蚀尽,财源枯竭,"能运四、五万引者无多,十数万引者至少,其余小商资本更微"。

捐输和报效则是盐商衰落的原因之四。

清乾隆以后,盐商报效的次数开始增多,数额逐渐加大。仅乾隆嘉庆两朝盐商报效的金额便高达白银6500多万两。在盐商进行巨额报效之后,朝廷往往以加价的形式对盐商予以回报,盐商便将报效负担转嫁到食盐之上,导致盐价高涨,平民百姓无力购买,又使食盐销售市场日益缩小。另一方面,朝廷还对报效的盐商授予虚衔以示奖赏,从而使许多盐商脱离业盐的轨道跻身官场,将资本转入消费市场。

此外,前面所讲到的盐商的奢侈性消费,他们的争相斗富,挥霍浪费,也使盐商资本加速消减。

嘉庆八年,两淮盐政结山就指出:"淮北纲盐,每年应运十四万一千余引,现在办运只有一二商人,半属资本缺乏。"陶澍在道光十年亦说:"查淮盐商向有数百家,近因消乏,仅存数十家,且多借资营运。"包世臣电说"伏念淮北盐务,久已运商绝迹"。正是由于上述原因,导致了清中期以后盐商的必然衰落。

第三节　清代的盐法管理文化

■ "顺康雍"期间的盐制

清朝在盐制上完全承袭明朝的制度，盐务官制也大多沿袭明朝旧有的惯例。户部职掌盐务政令，"专司奏销考成"。具体来说，就是由户部内的山东清吏司主管，按照各省咨部清册，销引征课，比较原定的引额课额，根据已经完成的和没有完成的，分别加以考核。

地方盐官，基本上也如前明，于产盐区分别事务繁简，设督转盐运使司（盐运司之名始此，元明为都转运盐使）或盐法道，下有盐务分司、盐课司、巡检司、批验所等（云南盐课提举司，隶属盐道，相当于运司下属的分司）。征课行盐，运司为政，通商疏引则是地方有司之事。在产区也如明制置巡盐御史，定例一年更换，名为"盐差"。但中间巡盐御史置罢不常。乾隆初盐差改称盐政。至道咸年间各区盐政陆续裁撤，改归总督或巡抚兼管。清政府为了"疏引裕课"，对各级盐政官吏及兼管的地方州县的考成是较严格的。就在这个基础上推行了食盐的专卖制度。

1. 清代的食盐生产和销售

清代疆域辽阔，边疆蒙古新疆也多产盐池，"而内地十一区，尤有裨国计"。据《清史稿·食货志·盐法》所记，这十一个盐区是：长芦、奉天、山东、两淮、浙江、福建、广东、四川、云南、河东、陕甘。据不完全统计，不算奉天、甘肃，也不算四川、云南以及陕西部分地区的票盐，在康熙二十四年，内地八个盐区岁额盐引为四百三十七万二千余引（清初以前明引大斤重，难于秤掣，将淮浙芦东等区改用明初的小引，每引二百斤），课银三百八十八万二千余两，其中最多是两淮盐，产盐岁额一百六十二万二千余引，占全国的比重三分之一以上，课银二百零三万九千余两，占全国比重一半还多（52.52％）。以下依次为：长芦（八十九万余引）、两浙（八十万余引）、山东（四十四万余引）、河东（四十一万余引）、陕西（十万余引）、福建（四万五千余引）、两广（三万四千余引）。淮盐仍然是全国盐业的重心。

清代食盐生产技术提高，进一步发展晒盐。除河东池盐专取畦种浇晒（过去有捞于池而非全种于畦）以外，海盐用晒法者也日多。据《清史稿·食货志》载："海盐之中，滩晒为佳，板晒次之，煎又次之；论成本，则晒为轻，煎之用荡草者次之，煤火又次之，木则工本愈重。"各盐区都是有煎有晒（浙盐用煎法，嘉庆后发明板晒之法）。以两淮盐而论，淮北盐场从明代起已以较为先进的"滩晒"为主，入清更以其形成颗的晒盐著称；淮南因滩涂草荡无垠，在明代以煎为主，入清仍然晒盐较少，再加黄河夺淮后，泥沙大量堆积沿海，海岸东移，盐场距海日远，盐产日淡，淮南盐渐难与淮北盐匹敌，淮北盐在淮盐中的地位日渐上升。

在内地各产盐区中，清统治者对其发祥地——盛京，特别优待，废止了原先招商领办征课的办法（康熙二十年起），奉盐无引无课，听民自行贸易，官不过问。奉盐"无课者百七十余年"，至同治六年始征盐厘。云南一地则大部分时间里是按井给票，不行部引（明代盐引由内府印造;清代盐引由宝泉局刊铸钢版印刷,户部盖印发行,故称部引)。除此之外都实行引制(四川于康熙中也改票行引)。

各大盐区,承袭了前明的行盐地界制,主要按行政区辖,以产盐所在省为主、兼及相邻省区。如长芦盐行销直隶、河南两省,奉盐行销东北三省,山东盐行销山东、河南、江苏、安徽四省,两淮盐行销江苏、安徽、江西、湖北、湖南、河南六省,浙盐行销浙江、江苏、安徽、江西四省,福建盐行销福建、浙江两省(台湾盐行销台湾本府),广盐行销广东、广西、福建、江西、湖南、云、贵七省(区),川盐行销西藏、四川、湖南、湖北、云、贵、甘肃七省(区),云南省行销本省,河东盐行销山西、河南、陕西三省,陕西盐行销陕西、甘肃两省。凡越界行盐作私盐论处,在各大供应区,由各盐局分割小的销区,谓之引岸。在实行纲法后盐商分占引岸的情况较前更是固定化了。纲法始于晚明,清代的几个主要产区,如淮、浙、芦、山东、河东仍沿明旧,循用纲法(商曰纲商,岸曰纲岸)。所谓清初主在通商,这个通商主要就指纲法而言的。

2.纲法、引制与商专卖

纲法的特点是商收商运,略去了官收的环节。就场收盐的"场商"(河东称"坐商"),与领引办课的"运商"(或称"引商""岸商""埠商")形成了盐商的新的分工。

▲ 清代制盐场景模型

盐的收购运销虽全归商人，但仍然是专卖——"商专卖"。官府既把特权委托给商人，保证其顺利行使，同时对之又是有监督管理的。因此在清代这种专卖形式被称为"官督商销"。

过去食盐生产由官府控制，实行商专卖后，商人（场商）通过向盐户提供土地、器具、资金，逐步控制了盐的生产，从而也就垄断了盐的买卖，并和高利贷相结合，以贱价收购生产的食盐，收盐时还往往用大桶容盛。官府虽不收购，而对场商垄断生产者盐斤收购的特权都是倍加保护的。当时在收购环节中，场商的收盐即在官府的保护和监督下进行。如两淮的盐场顺治十七年起设立公垣，场官专司启闭。凡盐户所制的盐，都要堆积垣中与场商交易，犹如过去纳丁盐者贮之官仓那样，如藏私室及垣外者，以私盐论。雍正时更立"保甲法"，严密控制灶户，以杜场私。运商领引赴场，也在公垣中买筑打包，使所制之盐尽入公垣，以防止场私走漏，而利于场商的收盐。所以两淮场商也称"垣商"。更有的场商自置盐亭，募丁制盐，以商人身份兼营制盐业，如淮北的池商、长芦的坨商即是。在运销过程中，官府与之打交道的是运商，过去引制的那一套监掣查验的办法照搬照转，加强监督，防止私销，以保证盐课的上缴。盐商每年按花名底册上的承销引数先缴"纸朱银"——盐引的纸张、印刷费共银三厘，明代已有，领取政府朱批配引的凭证——"朱单"。实际行盐的运商，凭以纳课（正课杂课）请引，运司填给"照单"，按单放引。运商持单到指定盐场，按规定期限向场商购盐；取得食盐后必须自场运到批验所，由所官验对单、引盐数，挨次验掣（用部颁"掣子"），请给"水程"。"未检查者曰生盐，已检查者为熟盐，熟盐乃可发售"。经过关津，照例盘查挂验，运盐到州县，由地方官验明引目、水程，核对盐数相符才准发卖（从运商手中、自口岸经水路分销食盐至各州县，持有"水程"

的商人称"水商"或"水贩")。卖盐已完仍由地方官拘收退引,在十日之内连同水程一并交回运司(否则笞四十,旧引影射盐货者以私盐论)。凡验单引仍用截四角法:出司之日截去第一角("平字角"),到场捆配盐包截去第二角("上字角"),在批验所查验包引秤掣无弊,截去第三角("去字角"),投送州县查验后截去第四角("入字角")。盐引有期限,违限过期将引目銛毁入官,仍治以罪,盐与引相离及用旧引影射者,皆以私盐论罪。这些同于"就场专卖制"时代的做法,足以说明商收商运的纲法,与就场征税、一税之后不问其所之的征税制,分属于两种不同的类型,决不能混为一谈。

纲法实行后,官府虽不收盐运盐,生产与运输放手给场商和运商,而仍有其监督的一面。盐的销数仍岁有定额;场价岸价例由官定,国家对食盐的生产、流通与食盐的价格,仍加监督、控制,规定贵贱的幅度价,不许随意起落;禁私、缉私办法仍严,私贩判刑仍重(杖一百,徒三年,拒捕者斩,十家连坐同罪)。这些又正是专卖制度的具体内容。官不收盐,而商自买,并没有改变其专卖的性质,其不属于自由贸易是很明白的事。

专卖制度下的商人是有特许权的商人,而非一般的私商。除了场商运商得垄断食盐的收购运销外,这一点在窝商身上表现得尤其突出。经营盐业的商人必须花费巨额银两认领引窝,列名纲册,持有窝本(根窝、窝根、窝底),每年赴官府呈验窝本,领取"年窝朱单"(朱单窝单),凭以纳课领引。他们就是窝商。起先窝商自己经营,持引运盐,窝商就是运商;后来窝运分家(康熙九年,已有此现象),窝商不一定要自己去运盐,可端居不出,坐收窝利。运商或是向窝商租赁典买"根窝"(出租者称"租商",代办者称"代商"),或是向其购买"年窝朱单",然后转照窝上引数请引行盐。窝自窝,运自运,"一单之费,倍蓰正课"。虽然法令曾规定,有引未运完、课未缴足,或无力办运者,该商引窝应予革退,"提窝改签",另招殷实新商承顶,所欠课帑以引窝甚至家产变抵,但事实上很少实行过。窝商可藉窝本之说,专引岸之利,子孙相传,成为世业(故称"业商",自己不运盐时,即将引岸权让渡给引商),在盐官的庇祖下,垄断把持,有恃无恐。即使真的革退旧商另招新商,新商也必须向旧商交纳窝价(如贩五六十引,需交六七百金),方准接充。取得引窝的新商仍可占有引岸,垄断经营。不论专商世袭、专岸永占,还是专商顶代、专岸递占,都排斥了一般商人的经营。这种已经固定化的、更进一步的特许制度更是与贸易自由的原则相对立的。

■ 陶澍的改法宗旨和票法的内容

陶澍,字子霖,湖南安化人,于道光十年由江苏巡抚升任两江总督。当时两淮盐政弊坏已极,盐商疲败已极,尤以淮北为甚。淮南盐一年尚捆运五十余万引,犹及定额(一百四十万)的三分之一以上,

▲ 陶澍

淮北则只捆二万余引,不到定额(二十九万)的十分之一。淮南盐的运商不过二三十家,淮北盐则承运者仅止数人。岸盐不到(名曰"悬岸"),民仰食于私;场盐山积,无商收买,也不得不兜售于私。面对这种情况,奉旨专管两淮盐政(原两淮巡盐御史裁撤)的陶澍,于道光十一年着手整顿淮南盐务:裁减浮费,删革窝价,废除总商,优恤

灶丁，黜退乏商，先筹官运，以为倡导。淮南盐务整理大致就绪后，陶澍就进一步改革盐制：仿云南的做法，于道光十二年五月起先在环境比较单纯的淮北实行票盐法，由滞岸到畅岸逐步推广。

据《清史稿·食货志》所载，开始时票法是在私盐充斥官销久滞、无商承办的湖运"滞岸"（安徽的凤阳、颍、亳，河南的汝阳、上蔡等二十二州县）与在江苏境内属于"食岸"的八州县试行。而安徽的寿州、定远等，河南的信阳、罗山等凡十一州县的湖运"畅岸"仍依旧法，由商认运；但其后商办各岸一点也未见改善，遂于道光十三年复议推广票法，将十一州县的湖运"畅岸"一律改行票盐，海州、安东两产盐地也在票法实施范围之内。只有与淮南引地相错杂的一些地方（江运的沿江合肥等八州县和由高邮湖运的天长县）仍由商认办，未便招贩行票，致"启浸灌之端"。

■ **票法是优于纲法的一种商专卖新形式**

陶澍的改革特别强调"革中饱之利，以归于商贩"，不使"纲利尽分于中饱蠹弊之人"，以此为实遂轻本轻价主要途径。所谓"中饱之人"，主要是指靠吃陋规浮费而肥私的官僚胥吏等人。事实上票盐行而"窟穴盐利之官胥吏，举嚣然议其不使"，反对最厉害的也正是这些人（运商困乏，无力认运，废除专商阻力不大）。陶澍改革试图扭转亏课局面，增加盐利收入，为朝廷兴利，此外让一般散商也可沾利，以利用其销售力量；蒙受不利的只是地方官吏以及窝商等人。因此可以说票盐法是对盐利再分配所做的一次调整，使官商分利的盐业政策能够在兼顾朝廷和商人（散商）的利益下再维持下去，与纲法相比确是要好。

但废纲行票并不等于取消专卖制度，而实行食盐的完全的自由贸易，不等于票法就是一种不属于专卖的就场征税制。陶澍本人曾批评许多人建议的课归场灶（就场征税）。"大要有三，而皆有窒碍之处……灶皆滨海贫民，在令先课后盐，则力有未逮，即令先盐后课，设遇歉产之日，势必课宕丁逃。且场盐每斤向卖制钱一二文、三四文不等，今加课银六厘，是课重本轻，仍难杜造私之弊。一由场商纳课，寓散于整，较为扼要，惟灶以己业而听命商人情必不愿，况商人惟利是视，秤收则勒以重斤，借贷则要以重息，灶不乐以盐归恤，商亦必无赀完课。一由场官收税，官为经理，似觉核实。无如试行之初，额难悬定。若听其尽收尽解，难保不匿报侵欺。"在筹拟两淮盐务疏中陶澍已做了如此透辟的分析。既然陶澍本人不赞成就场征税制，而主张推行票盐法，怎么能把票法与就场征税划等号呢？

票盐虽无引岸，虽在淮北盐行的大范围内，可以自己指定州县销盐，谓之"指销"，但指销之地须经官同意，在票上注明，改变销地也须经官，办理手续，不能任意越界（非指销州县）侵销，更不能冲击非淮北盐的销地市场。这就不是一种无限制的自由贸易，与就场征税制真的"不问其所之"也是不同的。还有，票盐的产销数量有定额（如果无限制发票，票法也会崩坏），招贩有定数（不超过行盐定额，且有护照制度，须事前核准），纳税有定期，价格（场价、岸价）有定例（岸价有部定价格），缉私有定则（违章者即以私盐论；票盐为官盐，其他的私盐严禁），秤买有官监督，出场有卡查验，截角、缴引都有一套制度，这些都同于或类似于改票以前的纲法的引制，而为就场征税的非专卖制所不具备的。从性质上说，票法仍是一种专卖，仍是商专卖（与北宋的在官设合同场监督下的茶叶卖引法相类）。商专卖有专商世袭的，也有官不收盐由散商购买行贩的。前者为纲法，后者在这里即为改纲行票的票法。官府为了保证盐课收入、防止私盐冲销，对纲盐票盐都有控制，都保有其垄断权，至于商人则在两法中所处的地位不同。纲法由商人垄断较多（专商世袭，专岸永占，垄断权由官府委托给特许商人），弊病较大；改票法后，略去专商这个中间环节，由官府直接行使其商品垄断权，利用散商零贩分销（也称为"民运"），弊病较

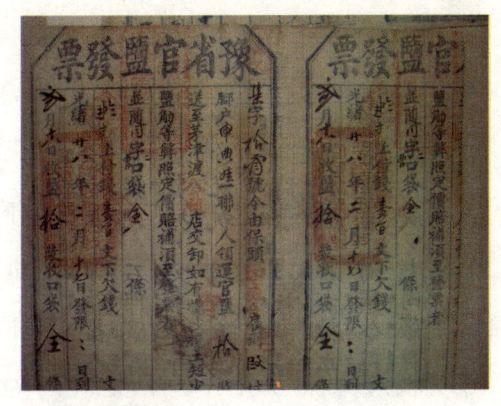
▲ 清朝票盐

小。不能因商人垄断权之被收回，而把票法与就场征税制混为一谈了。与就场征税比，票法要严一些，与就场专卖比，票法又宽一些。票法是商专卖制中一种比较开放的形式。

票法与就场专卖制也须分清。票法"归局不归商"，在场设局后，局只是监督灶户售盐，而非场盐由官收购。民贩缴税与局，局只是征收盐课，并非纳价于局，由局收贮场盐，再加价转售于民贩。如这样，票法就成就场专卖了。厉行"归局"之法，是因为民贩购盐踊跃，私自加价预买场盐，各场预售过多，新池未就，盐不偿贩，逋负者有之。归局之后就不许私自交易。后来，又发生验货无银，空投手本挂号，抬价卖空希图转手获利者，乃规定各票贩先将应缴之款若干呈验，存于分司库内，倘赀浮于盐，银则清还，盐则均摊折扣。盐价由局原数直接面转池户。这和就场专卖的盐由官收、寓税于价、商人纳价于官的情况也是大有区别的。

■ "同光"年间纲法的复活

两淮废引改票，正收成效之际，太平天国于道光末年于广西起事，历时十五年。长江梗阻，盐运不通，票贩星散，灶户失业，淮盐几乎

片引不行。

同治五年，李鸿章接任两江总督，为供淮军剿捻军需，又修改其前任所定的盐运章程。到了光绪二十七年，清政府规定从是年起，两淮票商按年认捐票本10万两（淮南8万，淮北2万），按引摊派，自此票商更公然据票本以专盐票之利了。

李鸿章章程中提到的盐厘，始于两淮，各省继行之。先是副都御史雷以諴为筹款与太平军作战，于咸丰三年，在扬州仙女庙设局，对米商按货值征收百分之一的捐税，谓之厘金或厘捐。随后征厘货物品种增加，其征于盐者即为盐厘。盐厘是通过税性质的杂税，重征迭捐，大大加重了运盐成本，而各省的盐款收入正恃盐厘为大宗。光绪间又迭相加价，或为赔款，或为练兵，或为海防，或为抵补药税，或为兴筑铁路，因事立名，款目繁多，厘价并计，数逾正课。由于盐厘加价，光绪二十九年两淮盐税收入竟高达1200余万两（同治三年约500万两）。但官盐价贵（光绪二十九年楚岸官盐价为每斤合银0.345钱，当时米每斤约值银二钱，约1.7斤米换盐一斤），约以半价出售的私盐又日益猖獗了。

清末的利在大商的盐法，又造就了一批新的盐商资本集团。以两淮盐商而论，实行循环给运、预缴部分盐厘后，淮南盐商运盐一斤需成本12两，以年销盐52万引计，淮南运商共需资本627万两。淮北运盐一引约需商本银7两，时年销29万余引，需资本近200万两。二者合计，两淮运商资本即达银820万两。关于淮南场商资本，据张謇估计为300余万两，淮北场商资本以淮南的四分之一计，也有银七八十万两。可推知，同治以来两淮盐商的资本总额至少在1200万两银以上。盐商的利润，据同治五年两淮运司陈桓生查核，大致淮南盐商每运盐一引，皖岸可获银三两七钱，西、楚两岸可获银四两七钱左右。光绪时虽因捐输票本，成本有增，但岸价上涨，获利未有大的变化。平均每引获利以四两计（有人估计，淮南每票利益平均在3000两以上，是则每引获利超过六两），淮南盐商年获利银208万两。淮北盐商运盐一引可获利银三两，年获利银七十八万两。合计两淮运商年获利银近300万两。两淮场商每年利入大致也有几十万两。由此可见，同治以来两淮盐商资本财力之雄厚，虽逊于乾嘉鼎盛时期，但在当时社会经济中仍是一支重要的力量。如同治年间江北沭阳程氏半由贩淮北盐起家，积资200万，为江北第一家；淮南大盐商周扶久，财产最高时达四五千万两。两淮盐商从同治四年、五年以淮军粮台与清水潭堤工名义实行报效起，至光绪三十三年，十三次大的报效，纳银达952万两。巨额的报效，再加票本的认捐，具有票窝，可为世业的新的专商自然形成。部分票商自己不运盐而靠出租或出售引票获利。当时"湘楚票一张转行售出，可值万金，江西票亦值六七千金。即租出一年，亦得千余金。"这已与纲法时少数盐商垄断盐引、获取窝价没有什么质的区别。在数量上买价之贵却数倍于昔日的根窝了（根窝其初之费为一二千两）。

但是盐商的好日子也不能维持很长。在盐厘迭加、盐价日高、私盐日盛的条件下，官盐日滞，悬岸废岸日多，道光改票前商人困乏的情况不久又复见于清之末世。

■ 清代私盐管控

清代私盐泛滥，名目很多，概括说来，主要有：场私、军私、官私、邻私、船私、商私、枭私等。

场私，或称灶私，是食盐生产地区各盐场的走私。场私向来被视为"贩私之源"。两浙盐课监察御史卫执蒲曾说："场舍为产盐之所，灶户乃煎办之人，除此而外，盐无他出，故官引之配销不足，枭徒之肆横行私，皆场灶多煎偷卖之所致。"卫执蒲把"枭徒"的"肆横行私"，归结于场灶的多煎偷卖，虽然失之偏颇，但也道出了场私对清代食盐运销的危害性。

场私在顺治年间已较突出。顺治十二年，两浙巡盐御史祖建明在谈到场私与军私的关系时曾说："私贩之源，尽出场灶。灶户煎盐，尽售官商配引，颗粒不售兵贩，则兵贩岂能自煎？"顺治十七年，两淮巡盐李赞元也上疏言及两淮的场私："臣稽往制，各场原有铁盘，灶户皆系官丁，立有团煎之法。今灶户已输折价，不纳丁盐，官煎之法已废，所以多寡听其自煎，官私由其自卖，弊孔百出。"

顺治以后，场私日趋严重。直隶巡抚李维钧在雍正二年说："直隶私盐，多由南场卖出。"两广总督鄂弥达在雍正十年说："粤东私贩充斥，总由沿海灶丁偷卖所致"。鄂弥达在雍正十一年又说："查两广盐政弊窦丛生，私盐充斥，皆缘额定盐价实不敷灶晒工本。若不姑容卖私，穷民衣食无资，势必抛荒埕埔，是杜私必先培灶……有一班无赖赤徒，名曰浪子，盈千累百，到场贩私，但偷出场，即系西省地界，该场巡丁有限，不能堵擒。况西省额引原不敷民食，百姓既利私盐价钱，官亦未竭力查拿……臣等窃查盐场各灶，额价原轻，今虽准部咨行，每包加价一分五厘，亦仅足敷灶晒工本，灶丁偷煎私卖，尚可多得价值。即以廉场而论，官价不过一厘六毫零；若以私卖，每斤可得银三厘。至官埠引盐，则将课饷、运脚各费，并入定价，虽近场至贱之埠，亦系每斤五厘。晒丁若偷盐私卖，每斤可多得一厘三四毫；百姓若买食私盐，每斤可省银二厘。故灶丁乐于卖私，而百姓亦利于买私。兵役巡丁不能寸寸把守，势难堵御尽绝。"此疏不但谈到了两广场私情况，且论及场私盛行之根由，值得重视。又如云南，屠述濂在《请改云南盐法议》中称："因薪价日昂，原定薪本实有不敷，灶户无项培垫，不得不搀和沙土，以低潮充数交官，而（以余盐）卖给私贩，则成本之外得沾余润。故利于私贩，不乐于交官，反偷煎净盐，以招徕私贩。此官盐之所以潮杂，而私盐之所以纯净也；私贩所买私盐，无须完课，有利可图，井上司事，分润走漏，枭徒益无忌惮，百十为群，塘汛不能堵截，私盐程（成）色既高，价值较贱，小民止图便宜，罔顾食私之律，此私盐之所以充斥，而官销之所以日堕也。"再如两淮，冯桂芬在《利淮礁议》中说："海滨数百里，港汊百出，白芦黄苇，一望无际，村落场灶零星散布于其间。不漏于近署，漏于远地矣；不漏于晴霁，漏于阴雨矣；不漏于白昼，漏于昏暮矣。"包世臣亦云："夫盐法最苦者，透私。而私之所以不可止者，在科则之征于商也太重；而场商之待灶户也太刻。灶户苦累，非卖私则无以自赡。"

以上诸人所言，已经明白地指出了场私的泛滥及其原因。

军私，或称兵私，是军队中的官兵走私。清初处于战乱之中，不法将士兴贩私盐以渔利，成为突出的问题。顺治四年上谕已指出："兴贩私盐，屡经禁约。近闻各处奸民指称投充满洲，率领旗下兵丁车载驴驮，公然开店发卖，以致官盐壅滞，殊可痛恨。尔部即出示严禁，有仍前私贩者，被获鞭八十，其盐斤等物入官。巡缉员役纵容不行缉拿者，事发一体治罪。"但是，兵丁贩私，"张弓挟矢，列械连檣，虽设巡缉员役，如塞羊之遇虎狼，谁敢过而问哉……彼设兵原以防剿，而反兴私贩，是御暴为暴也。"顺治十三年，户科给事中王益朋称："两淮盐弊，种类甚繁，非可一端尽也。臣请言其大者，莫如经略军前之食盐。虽奉有令牌，户部批照，然其弊

▲ 清代盐罐

不在军前之食盐，而在差官之夹带。连樯巨艘，蔽江而下，御史不敢问，关津不敢诘。湖南诸处所食之盐，大率皆军前夹带之盐。私盐多，而引盐不行。"

顺治一朝的军私，在各种私盐中占有突出的地位。这一方面是由于将士横行不法，但更为重要的原因则在于清初战乱连绵，需要将士征战，军饷却不能及时发给，因而难以对泛滥的军私采取果决的措施。

清代官私大致分为两种：一是贪官劣吏的走私，一是缉私官役的走私。这两种情况都与吏治的腐败有关。

关于贪官劣吏的走私，史籍记载较少，只有经清廷发觉并予以惩治者，才见于记载。如康熙四十四年，大学士李光地疏劾云南布政使张霖："假称奉旨，贩卖私盐，得银百六十余万两。"雍正三年，议政王大臣等题奏年羹尧"贪黩之罪"18款中，有两款与借官行私有关："遍置私人，私行盐茶"，"私占咸宁等盐窝十八处"。另外，"廉州知府刘梦正等悉皆借官行私"，夔州知府程如丝，"自贩私盐"，并残忍地"捕楚民之贩私者，枪毙甚众"。温州知府刘煜，"承办票盐，任令家丁私自收卖"。

由于官吏们手握权柄，"官私"也就难以缉拿。从云南布政使张霖贩私得银160余万两来看，官吏们的"借官行私"已达到了十分猖狂的地步。虽然清廷有时摆出对贪官劣吏严加处置的架式，甚至罪重者论斩，但事实上难以做到"有犯必惩"。

缉私官役走私更为普遍。其走私之盐，有时被称作"功私"。他们或借缉私之名，"在产地购买私盐，运往销地贩卖"；或"捕获私盐入店，名曰'功盐'，作官售卖"；或"获盐不报，隐没烹分"；或"暗与枭徒勾结，通同兴贩"；或"捕巡私盐之官役与场司等官朋比作奸，而四境兴贩"。可谓无所不为。曾经担任过两淮巡盐御史的胡文学痛言其弊曰："有司设立捕役，原为巡缉私盐，给以腰牌。因系在官人役，愈便行私，他人不敢缉拿。即有盘诘，借口功迹（绩）盐斤，可以蒙混。故多一捕役，即多一私贩！由于缉私官役处于贩私的有利地位，因此，这种私盐是"问所难问""拿所难拿"的，上揭胡文学的奏疏即叹称为"不可禁之私盐"。

邻私出现于各区销盐引岸的交界之处，因为是邻区之盐违例越界兴贩、倾销，故曰"邻私"。这种邻私虽称之为私盐，但大多是有引之官盐，只不过是越界行销，为律例所禁罢了。邻私事实上是商私的一种，但又有所区别，故仍分开叙述。

邻私系由盐销区划分的不合理以及各区盐价的贵贱不一所造成。邻私最严重的是两淮引岸与其他引岸接壤的地区。长芦巡盐御史三保曾题称："查行销引盐，原以缉私为要务，私靖则官引自销，所以分别疆界各销各引，如有侵越，即干法纪。惟是两淮行盐地方邻私最易透漏，屡奉谕旨，严饬该管官加意整理在案……查销引官店自应开设城厢市镇人烟稠集地方。以便本境人民买食。今浙、闽、川、粤及长芦之商，乃于淮盐接界地僻人稀之处广开盐店，或五六座、十余座至数十余座不等，多积盐斤，暗结枭徒，勾通兴贩。"大学士曹振镛亦云："（两淮）现在商运竭厥，场课不资，总由于口岸滞销。而滞销之故，实由邻私充斥，湖广有川私、粤私、潞私，江西有粤私、浙私、闽私，皆数倍于场灶透漏之盐。"正所谓"私盐之由场出者，常十之三四，由邻入者，常十之五六，虽欲不受其害而不能。则盐引之缺，实岸界害之也"。

船私有几种情况。一种是盐商运销引盐船只的夹带私盐，又被称为"夹私"。在淮盐出场之后运赴盐垣的途中，已有船私走漏，"私贩每驾小船停泊等候，屯船过时分装贩往他境。而屯船于夹带之外，遇兴贩者多，则又偷爬引盐私卖"。"开江"后运赴江西、湖广途中，走漏亦多，每船装官盐十之五六，余舱尽以装私，谓之跑风"等等，即其所指。

另一种是南北运河运粮漕船的夹带，又称"漕私""粮私"，主要是回空粮船夹带芦盐侵销淮盐引地。顺治十七年，李赞元称："回空粮船约有六七千只，皆出瓜、仪二闸，其船一帮夹带私盐，奚止数十万引（斤）！合而计之，实侵淮商数十万引盐地。"曹振镛称："回空粮船自长芦起沿路夹带，约计亦不下数十万引，纲地全侵，销引日绌。"陶澍亦曾反复谈道："粮船夹带，非芦私即淮私，而芦盐价值较贱，故所带尤多。""漕船回空带私，为历来之痼弊，芦私居十之八九，淮私居十之一二，年甚一年。"

再一种是从云贵装载铜铅的船只，在经过川盐产地之时，船户水手夹带川盐入湖北境地私卖。道光年间，铜铅船只的夹带更趋严重，如陶澍所奏："铜铅船自四川装运北上，一路收买川私入楚售卖者，经由卡隘，并不听候查验，以致宜昌一郡尽食川私，并灌及下游荆州各属与荆门之远安、当阳，湖南之澧州、石门等处，大为淮纲之害。"

以上三种船私，除第一种属盐商及船户水手的走私外，其余两种都是押运官役与船户水手凭借"官差"的走私，并且往往明目张胆，肆无忌惮，不服盘查，显然亦与吏治的腐败大有关系。

商私是盐商的走私。盐商本是官盐的销售垄断者和盐课的交纳者，他们为了保证食盐的畅销，必须与私贩作斗争。因此，他们不断呼吁官府严缉私盐，并承担缉私经费，又在官府的委托下，雇有私人巡役，"出财募人以捕私"。但是，为获取暴利，他们自己又是最猖狂的走私者。

盐商的走私有多种方式，除上述已经涉及外，还通过下列手段进行。

第一，浮春夹带。盐商在场区捆载盐斤时，不按额定引重而多捆多载,此亦被称作"夹私"。由于盐商是按引行盐,按引纳课,超过额定引重的盐,不必纳课,实际上是一种"无课之私",盐商因此可以谋得厚利。道光帝在论及山东盐区的情况时说:"山东盐引,每引浮春多至三五十斤至百余斤不等。通计山东每年五十万引,多春十千万斤,抵官引二十余万道。一经控告,或将盐包戳漏,或浇水渗消,官吏得规袒护。一省如此,各省恐亦不免。"陶澍在谈到两淮的情况时说:"两淮正引三百六十四斤,现在各场捆盐,多者几至加倍,此商人引盐之夹带也。"可见盐商浮春夹带之严重,亦可知盐商资本的积累多赖此法。

  这种夹带之私,掣验官员本可在称掣盐斤时发觉,并予以处置;但是由于盐商行贿和盐官受贿,掣验也就有名无实。"官吏得规袒护","贿通官长,捆载多斤,公然行掣,径同额盐",就是指的这种情况。

  第二,淹销兴贩。所谓"淹销",原本是清廷对运盐船只失事后的一种抚恤措施,盐商报"淹销"之后,既可以免纳盐课,又可以重新补运。奸猾之商,往往借淹销之名以贩私。早在乾隆十五年,乾隆帝已对盐商的"捏报淹销"之弊有所察觉,指示有关官员"留心设法查办"。但越到后来,此弊益显。陶澍所言有代表性:"(盐商)将全引一船之盐,分为三四船,遇有一船遭风失浅,即捏报全引淹销,将并未失事之二三船亦请补盐。既得照例免课,又得通纲津贴,到岸之后,并得提前发卖,谓之淹销补运。是以一引而换数引,明目张胆之私也。"

  值得指出的是,所谓的淹销补运,必须要经过盐政官员的验实批准,其所以能出现这种"明目张胆之私",显然亦是由于盐政官员的失职和受贿。

  第三,与私枭勾结兴贩。盐商为了大肆贩私,往往"暗结枭徒,勾通兴贩"。这种情况非常普遍。嘉庆二十三年上谕称:"巫山、大宁一带盐埠口岸，素有奸商私造引张，名为'墨引'串通土豪，勾引私贩……又闻陕西商南、平利一带，私盐即自潞商各店中贩来，由汉中顺流而下，至襄阳之谷城，德安之安陆，分途暗售。"包世臣也说："私盐之多，实由官受商制，而纵商夹私；商被船挟，而纵船买枭私，随带赴岸……枭徒与船户交密，洞悉各弊，五六年来，枭私竟有长船赴岸者矣。"盐商与枭贩互为表里，或买枭贩之私，辗转射利；或卖私于枭贩，直接营利。总之，盐商贩私不择手段，"执持官引以为影射，江河四达，莫敢伊何"！

枭私即是武装走私。在康熙年间，枭私已经成为一个严重的问题。李煦在康熙五十一年的一份奏折中谈道："淮扬一带地方，有山东、河南流棍，聚集甚多，兴贩私盐。其中各有头目，或率党数十人，或率党一二百人，横行白昼。"清代后期，枭私更加严重。道光二十七年上谕称："直隶河间、冀州及顺天之霸州、文安一带，盐枭结伙百数十人至二三百人不等，用驴驮载私盐，执持枪炮器械，强行售卖。经地方官查拿，辄敢拒捕，施放枪炮……此等匪徒，大半籍隶沧州，以驴驮为记，以枪炮为号，一闻枪炮之声，则各处枭匪，闻声往助。"

面对泛滥成灾的私盐，清廷当然不会无动于衷。为了缉捕防阻私盐，曾经制定了许多具体的措施，其主要者，是在产地实行保甲制和火伏制，在行盐口岸设立缉私卡巡。

实行保甲制，首先是为了清查灶户，其次是严明保甲长的职责，以便"稽查私弊"。火伏制前已述及，概言之，即在灶长、灶头、巡商、巡役、磨对、走役的严密控制下，督查灶户每天的煎盐数额，以防止灶户的偷煎私卖。另外，两淮等盐区设立的公垣、仓廒等，也具有防私的意义。李赞元即称："设立公垣，责令场官专司启闭，凡灶户煎烧之盐，俱令堆集垣中与商交易……凡在垣以外者，即以私盐论罪。商人领引赴场，即入垣中公买，照引捆完，场官验明，照数放出，无引不许私放。倘有拿获私贩、夹带等弊，即根究系何场之盐，查出将该场官役、灶户一并重究。"

行盐口岸缉私卡巡，是在易于走私的关口要冲，建立关卡和由军队巡役、地方巡役、商人巡役组成的缉私队伍。随着私盐的日趋泛滥，缉私卡巡因时有所变更，即裁撤彼处，改设此处，或在原有基础上增设。如道光二十九年为防止船私，直隶在已有的于家堡、杨柳青等关卡外，又添设了交河、东光等五处关卡。由于缉私卡巡的不断增置，到清末，缉私经费已成为最主要的盐务经费。

显然，清末长芦盐区每年的各项盐务经费开支，以缉私经费为最多。其他盐区亦大致类似。

但缉私卡巡的不断增置，并没有能够遏止私盐的泛滥，这除了私盐的产生、泛滥的种种原因外，还在于缉私卡巡的"虚应故事"和缉私官役的"得钱卖放"方面。早在康熙十八年，卫执蒲就曾指出："巡缉私盐，虽地方官均有专责，而总巡一官更綦重焉。故巡官若秉公，则捕役必畏法。上无苟且，下不欺蒙，何患私枭之横贩？其如年来怠玩成风，上下徇庇，以致国法不申，枭徒无忌。"雍正六年，郑禅宝亦说："盐枭之得以贩私者，缘与营兵议定规礼，则任意卖路放行，甚而至于护送出境。"因此缉私经费的渐增，只是徒增商人的负担，如直隶总督纳尔经额在道光二十六年所言长芦的缉私情况："各处设立卡巡，如四党口、高家湾两处，专驻武弁兵丁，岁给薪水口粮银二千二百两，止知按月请领，未闻报获功盐，如同虚设。永平府之卢龙等七州县，为芦纲紧要门户，虽于道光二十三年议添卡房兵役，筹给经费银六千两，亦无成效。此外永东、永西、蓟州、遵化、丰润、玉田、宁河、宝坻、青县、静海、沧州、盐山、清丰、汤阴各口岸，及严镇、丰财等场，每年巡费又不下四万两,皆系贴给商人,更属有名无实。"卡巡的虚应,显然是一种普遍的现象,之所以如此,最重要的原因就是其贪利受贿。

为了从另一个方面防阻私盐,清廷还制定了各种严厉的禁私律令。针对灶丁的售私,有所谓《灶丁私盐律》《灶丁售私律》《获私求源律》;针对兵丁的贩私,有所谓《兵丁贩私律》《巡盐兵捕贩私律》;针对船私,有所谓《夹带私盐律》等等。特别是对枭徒的贩私,清廷最为重视,处罚也最为严厉,先后颁布有《豪强贩私律》《武装贩私律》等,一经捕获,非斩即绞。如《豪强贩私律》规定:"凡豪强盐徒,聚众至十人以上,撑驾大船,张挂旗号,擅用兵仗响器,拒敌官兵,若杀人及伤三人以上者,比照强盗已行得财律,皆斩。为首者,仍枭首示众。其虽拒敌,不曾杀伤人,为首者依律处斩,为从者俱发边卫充军。若止十人以下,原无兵仗,遇有追捕拒敌,因而伤至二人以上者,为首者依律处斩;下手之人,比照聚众中途打夺,罪人因而伤人律绞;不曾下手者,仍以为从论。"后来又经奏准:"大伙枭徒拒捕伤役之案,一经审究得实,将得赃包庇之兵役问拟斩候;私售之灶丁及窝顿之匪犯,一体拟发伊犁、乌鲁木齐为奴。"从而又将对枭贩的惩治与对得赃包庇的兵役、售私灶丁以及窝主的惩治结合起来。

从总体上看,缉私制度及禁私律令是越来越严密,这在一定程度上标志着私盐的日益泛滥。

■ 清末盐务之乱和"改革盐务运动"的发起

光绪时盐斤加价,所导致的官盐愈贵私盐愈甚,官不敌私,引岸多废,商力转困的局面再度出现,使论盐法者又多主张改弦易辙,实行官办。官办,就是由地方州县官领引办运,此外还有设立专局,委员办理的局办。光绪初,四川滇黔岸因商倒引悬,先行官运。光绪末,官运更多。如吉林黑龙江因设行省，酌行官运；广东潮桥及恩、开、新、阳与东江等埠因商力疲困改行官运；江苏的铜山及淮行六岸，江西之建昌五岸则因邻私侵占，改行官运；长芦之永七岸因奉私倒销，改行官运，等等。盖清末的盐业，省自为政，或主官督商销，或主官运官销，或主商运商销，制度不一，已无系统可言。改行官运，本以济商运之不及，而办运者则扣费以入私囊，推销者，则卖私以取盈余，上下分肥，以至所领官本亦侵蚀殆尽，官运之弊亦不可胜言。官督商销虽居全国多数，但官督仅有虚名，仍属商擅其利，专商积弊迄未能革。

鉴于各省盐务，纷如乱丝，国课民生，交受其困，有志之士乃倡议改革盐务运动，南通张謇是其中最著名的代表人物。

张謇，字季直，清末民初著名的实业家，为光绪二十年（1894年）状元，后隐居乡里，创办产业。光绪二十九年，张謇通过集资购进淮南吕四盐场李通源盐坦，开办了同仁泰盐业公司，试验松江板晒法，获得一定成效，因为其开采的食盐质量上乘，甚至在意大利赛会上获得优等奖。在经营盐业过程中，张氏备受留难与困扰，且深悉专商引岸的弊害，孕育了改革盐务的思想。他大声疾呼"官之坏，政之弊"今日"盐其一也"，而撰文主张改行"就场征税，任其所之"，破除引岸专商制度。他还建议如实行就场征税，政府担心税收短绌，他愿组织公司承担此税。但户部受盐商运动，否决了张氏的建议。这是民元以前之事。民元以后，张謇思想有所转变，力持"就场专卖"之论。改变之理由，是就场征税立论虽高，而于事实仍属隔膜，不如"尽所产而官收之，不必言化私为官，而自无私；以应征之课税纳诸盐价之中，不必言就场征税，而税已在其中"。对后来的主张实行专卖制，张氏更写了"改革全国盐政计划书"，一书凡十章，提出所定的政策是民制官收商运民卖，商是盐商，民是小民（小卖），实师刘晏就场专卖

▲ 张謇

之制。无论张謇采取何种制度，其一贯的不变主张则为废专商引岸。其主张虽甚坚决，并于辛亥革命后，任实业部长兼两淮盐政总理，着手计划改革淮盐的运销制度，打破少数盐商的垄断，但结果仍因淮商群起反对未能实行。

　　清代纲法之弊，弊在积引，弊在私盐。其食盐的生产岁额并没有像元代那样的过分膨胀，基本上也不实行官卖，所以不会发生像元代那样的食盐生产过多由官强摊于民的问题。清统治者所感头痛的是生产并不过剩，而因本重费重盐引销不出去、积滞在官的积引问题和私盐乘机侵销的问题。两个朝代盐政之弊并不一致。与明代比，情况也不同，明代的积引大都是压在商人手里，引多盐少，造成长期守支，这是明代引价较低（正常情况下，边商买引，每引二百斤，只五六钱）、多少尚有商人来买引中盐之故。而清代引价奇高——如淮北盐每引四百斤，正杂课二两九钱，后增至四两有奇，以致商人困乏，就无力认引了。不同朝代有不同的政策，盐务中的问题也有不同的表现，都需要做深入的比较研究，才能得出正确的结论。

延伸阅读

川盐济楚

"川盐济楚"，就是打破传统的引岸疆界，运川盐入两湖地区行销。

这一措施一向被视为清代后期盐政的一大变更。

本来，清代以官督商销为主要特征的食盐专卖，专商引岸制是其重要特点，划界运销也一直为清廷所固守。川盐济楚之所以得以实行，引岸疆界之所以一度被打破，其契机就是太平天国革命的爆发。

咸丰元年至同治三年（1851—1864 年）的太平天国革命，对清王朝的统治是一次极大的冲击。在这期间，太平军与清军在长江中下游地区展开了拉锯战。长江航路梗阻，淮盐运销陷入空前的危机。一方面，两淮运商遭到太平军的重创，如两江总督怡良所说："逆'匪'由湖广窜至九江、安徽、江宁，并陷镇江、扬州两府。不特淮南引地无不被其踩蹋，而商人之居于镇、扬二郡者，十有八九亦悉遭荼毒。"其他未受直接打击的盐商，也因"芜湖、安庆、九江、黄州、汉阳等处相继失陷"，而"闻风远遁"，"仅存之旧商十余人"。随着运商的死亡逃散，"场商亦皆逃亡"。结果是"灶盐无商收买，煎丁有煎无售"，导致了灶户的破产和流徙。两淮盐业，特别是淮南盐业，顿成瘫痪之局。另一方面，局势动荡，淮盐无法上运，原销淮盐的江西、湖北、湖南等省区几陷绝盐之境，"盐价日昂，四民重困"，"农民卖谷一石，买盐不到十斤，终岁勤动，求免茹淡之苦而不得"。而且，随着销区的瓦解，也直接影响了清廷的盐课收入。咸丰五年（1855 年），骆秉章在谈到淮盐的课入时曾说："国家两淮盐课，正杂各款每岁共银六百余万两，为经入一大宗。三载以来，兵饷增数千万之出，盐课失二千万之入。"在这种情势下，川盐济楚便成为迫不得已的盐政变通措施。

早在咸丰二年（1852 年）十二月，湖广总督张亮基便以"淮盐转运不前"为由，奏请湖南"借销"粤盐。咸丰三年（1853 年）正月，经户部议准："粤盐运交湖南、江西济销。"这便是具有改革先声性质的"粤盐济赣"和"粤盐济湘"。

但是，江西借销粤盐，嗣以办理军务，局势动荡，并无粤盐运至，因而中止。而粤盐济湘，亦受战火延烧的影响，"盐不常至"，加上在盐缺之际，"官吏巧立名色，层层朘削"，也未取得成效。

在淮盐不能上运、粤盐又难以济事的情况下，帮办湖北军务的罗绕典首先提出借销川盐、潞盐（河东盐）的意见，经清廷转发给湖广、四川总督会议，湖广总督张亮基以"蜀盐质良，且近楚，较潞盐为宜"，奏请借拨川盐行销。先借陆引2000张，并在巫山设官运局，由四川委员运至巫山县，然后"付局转运湖北"，并且声明，"事由官办，欲止即止"，一旦"江路廓清，即仍改食淮盐，以符定例"。这不但意味着最初改制的谨慎以及对旧制的留恋，而且，这种由官设局的官运弊病不少，借拨陆引2000张更难以改变"盐少价昂"的局势，两湖盐价此前为每斤90文，此时竟涨至每斤200余文，"川中枭贩因而乘之，官商因缘为奸，连樯东下"。有鉴于此，咸丰三年（1853年）五月，户部始重新议准："川粤盐斤入楚，无论商民，均许自行贩鬻，不必由官借运，惟择楚省堵私隘口，专驻道府大员，设关抽税。一税之后，给照放行。"

在这里，最值得注意的是在设关抽税之后，"无论商民，均许自行贩鬻"的规定。如果说，打破引岸疆界，准许川盐济楚是清代后期盐政的一大变更的话，那么，设关抽税，不论官盐私盐一概准许贩卖则更具有重要的意义。这种"化私为官"的办法，实际上留给了盐贩盐商们贩运的自由，基本上解决了私盐问题。所谓"湖北宜昌一带，未经兵乱以前，向为川私充斥……自咸丰初年设局收税，化私为官，商民称便，悉就范围"，即是指此。同时，也正由于这种政策的改变，使得川盐源源不断地运销两湖市场："约计入楚之盐，以旺月计算，约合川省水引九百余张，一千万斤上下"，两湖市场"尽被川盐侵占"。

川盐济楚不但填补了淮盐不能上运的空缺，解除了两湖人民"食贵"的痛苦，而且也对四川井盐业带来重大影响。

首先是四川的盐课额大幅度增加。在川盐济楚以前，四川正课只有14万余两，正杂课加在一起也不过30余万两。"川盐自济楚后，（盐课）比嘉道间骤增十余倍，近（指光绪年间）几及二十倍，各省无此发达之速且巨"。据上揭王守基《四川盐法议略》所说，咸丰年间四川的盐课收入达到200余万两，但据咸丰、同治、光绪各朝四川协拨外省的款项考察，川盐课额最高时可能达到四五百万两。所以，这一时期，四川的财政状况大为改观，由他省"协济"变为"协拨"他省，即所谓"咸同军兴而后，京师及各省乃转而取济于蜀"。同治三年（1864年）骆秉章也说："四川本系协济省份，自军兴以来，协饷不至，而本省筹防筹剿，已经拨解京外各饷，用数已逾千万。"同治八年（1869年）李鸿章又称："川盐课费其指款坐拨者，每年荆州满营二十一万两有奇，户部十万，内务府五万，固本京饷六万，荆、宜留防水师二万数千两，皆丝毫不容短缺。此外，甘省协饷、本省军饷大半取给。"直至光绪初年，"四川岁解京饷，云、贵、甘、陕协饷，岁二百余万，均专指川盐厘课坐拨"。

其次是随着市场的扩展及盐销量的增加，四川的井盐业得到空前的发展。一是表现在产盐州县比前扩大，二是表现在原产盐州县适时发展，三是表现在私井大量开凿等方面。可以说，川盐济楚以后，四川各州县的新开盐井、续开盐井以及私开盐井，汇合在一起，正勾画出了此一时期四川井盐业发展的轮廓。同时，也正是在这一时期，川商资本迅速积累，并将商业资本转向生产领域，这就是所谓的"商人以运楚而经营其业，投资甚巨"。从而更促进了四川井盐业的扩展，凿井技术日趋完善，近代意义上的手工工场随之出现，井场内部的管理与分工日益细致，使四川的盐业在生产力发展和生产关系的变化上出现了一个新局面。

但是，在太平天国革命失败以后，随着长江航运的畅通以及两淮盐业的逐渐复苏，曾国藩即以"淮纲之兴替，全视楚岸之畅滞"为由，开始筹划"收复楚岸"，从而又拉开了淮盐与川盐争夺两湖市场的序幕。起初，因两湖市场"被占十有余年，行之即以为常，禁之未便太骤"，所以先采取了"重抽厘金""以征为禁"的政策，试图以"重税"将川盐挤出两湖市场。但是效果并不显著，"川盐之畅销如故"。到了同治十年（1871年），曾国藩又以"将应得厘银，多拨数成或全数归鄂"为条件，要求"划地分销"，将湖北的武昌、汉阳、黄州（今黄冈）、德安（治所在今安陆）四府，湖南的岳州（今岳阳）、常德二府划归淮南行销，其余地区行销川盐，经户部议准实行。到了光绪二年（1876年），又经户部议准，两湖引地全部复归两淮。

从加重川盐税厘，到两湖市场的划地分销，直至川盐被清廷以强制手段挤出两湖市场，川盐逐步失去赖以发展的广阔销场，逐渐走完了它的黄金之路。

由此也说明，凡由清廷倡导的一些迫不得已的盐法变革——课归地丁也好，废引改票也好，川盐济楚也罢，最终都逃不脱复归旧制的命运，这或许是一种传统的惯性。同时也说明在腐朽的封建统治之下，制约盐业经济发展的桎梏无法打破。

图片授权

全景网

壹图网

中华图片库

林静文化摄影部

敬　启

本书图片的编选，参阅了一些网站和公共图库。由于联系上的困难，我们与部分入选图片的作者未能取得联系，谨致深深的歉意。敬请图片原作者见到本书后，及时与我们联系，以便我们按国家有关规定支付稿酬并赠送样书。

联系邮箱：932389463@qq.com

参考书目

1. 吉成名. 历史文化研究丛书——中国古代食盐产地分布和变迁研究. 北京：中国书籍出版社，2015.
2. 刘德林、周志征、刘瑛. 中国古代井盐及油气钻采工程技术史. 太原：山西教育出版社，2010.
3. 周志征. 中国古代井盐工具研究. 济南：山东科技出版社，1990.
4. 王贞珉注译. 中国古代名著今译丛书——盐铁论译注. 长春：吉林文史出版社，1995.
5. 李里特、江正强. 食盐的分类. 北京：中国轻工业出版社，2010.
6. 王锐. 盐商世家. 北京：中国文联出版社，2012.
7. 王小荷. 清代两广盐商. 北京：中国人民大学出版社，2013.
8. 陈琳. 明清时期徽州盐商与新安籍画家群关系研究. 北京：中国艺术研究院，2006.
9. 佚名. 扬州盐商遗迹. 北京：中国文史出版社，2016.
10. 柴继光. 中国盐文化. 北京：新华出版社，1991.
11. 曾凡英. 中国盐文化. 北京：中国经济出版社，2015.
12. 静泓. 中国古盐. 杭州：浙江古籍出版社，2011.
13. 佚名. 中国盐城. 盐城：盐城市人民政府，1996.
14. 唐仁粤. 中国盐业史（地方编）. 北京：人民出版社，1994.

15. 陈沧来. 中国盐业. 北京：商务印书馆，1934.
16. 魂魄. 盐. 北京：中国广播电视出版社，2008.
17. 张银河. 中国盐文化史. 郑州：大象出版社，2015.
18. 林建宇. 中国盐业经济. 成都：四川人民出版社，2002.
19. 宋良曦. 中国盐业史辞典. 上海：上海辞书出版社，2010.
20. 吴慧. 中国盐法史. 北京：社会科学文献出版社，2013.

中国传统民俗文化丛书

一、古代人物系列（13本）
1. 中国古代乞丐
2. 中国古代道士
3. 中国古代名帝
4. 中国古代名将
5. 中国古代名相
6. 中国古代文人
7. 中国古代高僧
8. 中国古代太监
9. 中国古代侠士
10. 中国古代幕僚
11. 中国古代皇后
12. 中国古代士人
13. 中国古代华侨

二、古代民俗系列（10本）
1. 中国古代民俗
2. 中国古代玩具
3. 中国古代服饰
4. 中国古代丧葬
5. 中国古代节日
6. 中国古代面具
7. 中国古代祭祀
8. 中国古代剪纸
9. 中国古代鞋帽
10. 中国古代生肖文化

三、古代收藏系列（16本）
1. 中国古代金银器
2. 中国古代漆器
3. 中国古代藏书
4. 中国古代石雕
5. 中国古代雕刻
6. 中国古代书法
7. 中国古代木雕
8. 中国古代玉器
9. 中国古代青铜器
10. 中国古代瓷器
11. 中国古代钱币
12. 中国古代酒具
13. 中国古代家具
14. 中国古代陶器
15. 中国古代年画
16. 中国古代砖雕

四、古代建筑系列（12本）
1. 中国古代建筑
2. 中国古代城墙
3. 中国古代陵墓
4. 中国古代砖瓦
5. 中国古代桥梁
6. 中国古塔
7. 中国古镇
8. 中国古代楼阁
9. 中国古都
10. 中国古代长城
11. 中国古代宫殿
12. 中国古代寺庙

五、古代科学技术系列（15本）
1. 中国古代科技
2. 中国古代农业
3. 中国古代水利
4. 中国古代医学
5. 中国古代版画
6. 中国古代养殖
7. 中国古代船舶
8. 中国古代兵器
9. 中国古代纺织与印染
10. 中国古代农具
11. 中国古代园艺
12. 中国古代天文历法
13. 中国古代印刷
14. 中国古代地理
15. 中国古代地方志

六、古代政治经济制度系列（16本）
1. 中国古代经济
2. 中国古代科举

3. 中国古代邮驿
4. 中国古代赋税
5. 中国古代关隘
6. 中国古代交通
7. 中国古代商号
8. 中国古代官制
9. 中国古代航海
10. 中国古代贸易
11. 中国古代军队
12. 中国古代法律
13. 中国古代战争
14. 中国古代衙门
15. 中国古代外交
16. 中国古代盐文化

七、古代文化系列（26本）

1. 中国古代婚姻
2. 中国古代武术
3. 中国古代城市
4. 中国古代教育
5. 中国古代家训
6. 中国古代书院
7. 中国古代典籍
8. 中国古代石窟
9. 中国古代战场
10. 中国古代礼仪
11. 中国古村落
12. 中国古代体育
13. 中国古代姓氏
14. 中国古代文房四宝
15. 中国古代饮食
16. 中国古代娱乐
17. 中国古代兵书
18. 中国古代哲学
19. 中国古代宗祠
20. 中国古代奇案
21. 中国古代旅游
22. 中国古代家风
23. 中国古代地名
24. 中国古代家谱与年谱
25. 中国古代名字与别号
26. 中国古代墓志铭

八、古代艺术系列（12本）

1. 中国古代艺术
2. 中国古代戏曲
3. 中国古代绘画
4. 中国古代音乐
5. 中国古代文学
6. 中国古代乐器
7. 中国古代刺绣
8. 中国古代碑刻
9. 中国古代舞蹈
10. 中国古代篆刻
11. 中国古代杂技
12. 中国古代民间工艺